O MISTÉRIO DE
# CRISTO

**JUDEUS + GENTIOS**
UNIDOS EM CRISTO JESUS

# O MISTÉRIO DE
# CRISTO

*"Eu não fui enviado senão às ovelhas perdidas da casa de Israel."*
Mateus 15:24

**ANDRÉ** SILVEIRA

Ágape

São Paulo, 2023

*O mistério de Cristo*
Copyright © 2023 by André Silveira
Copyright © 2023 by Novo Século Editora Ltda.

EDITOR: Luiz Vasconcelos
COODERNAÇÃO EDITORIAL: Silvia Segóvia
REVISÃO: Deborah Stafussi, Nina Stein e Everton Gonçalves
REVISÃO TÉCNICA: Mark Shubert e Rita Moura
COMPOSIÇÃO DA CAPA: Ian Laurindo
PROJETO GRÁFICO: André Silveira
DIAGRAMAÇÃO: Manoela Dourado

Texto de acordo com as normas do Novo Acordo Ortográfico da Língua Portuguesa (1990), em vigor desde 1º de janeiro de 2009.

Dados Internacionais de Catalogação na Publicação (CIP)
Angélica Ilacqua CRB-8/7057

Silveira, André
    O mistério de Cristo / André Silveira. – São Paulo, SP : Ágape, 2023.
    304 p.

ISBN 978-65-5724-117-2

1. Bíblia – Estudo e ensino 2. Cristianismo I. Título

23-4148                                    CDD 220.7

Índices para catálogo sistemático:
1. Bíblia – Estudo e ensino

Impressão: Searon Gráfica

Alameda Araguaia, 2190 – Bloco A – 11º andar – Conjunto 1111
CEP 06455-000 – Alphaville Industrial, Barueri – SP – Brasil
Tel.: (11) 3699-7107 | E-mail: atendimento@gruponovoseculo.com.br
www.gruponovoseculo.com.br

*Para Lucy.*

SUMÁRIO

**DEPOIMENTOS**
P. 13

**PREFÁCIO**
P. 17

**INTRODUÇÃO**
P. 23

**VÍDEOS**
P. 29

**01** | **A BÊNÇÃO E A ALIANÇA**
P. 33

**02** | **A BÊNÇÃO DA PRIMOGENITURA**
P. 43

**03** | **A BÊNÇÃO PROFÉTICA**
P. 53

**04** | **A DIVISÃO DO REINO**
P. 65

| | | |
|---|---|---|
| **05** | **JOSUÉ E CALEBE: A CONQUISTA DE CANAÃ** | P. 87 |
| **06** | **AS OVELHAS PERDIDAS DE ISRAEL** | P. 97 |
| **07** | **SEMEANDO ENTRE AS NAÇÕES** | P. 111 |
| **08** | **O MISTÉRIO DE CRISTO** | P. 125 |
| **09** | **REPRESENTAÇÕES DE ISRAEL** | P. 145 |
| **10** | **OS ELEITOS E OS REMANESCENTES** | P. 157 |
| **11** | **AS CASAS DE ISRAEL** | P. 167 |

## 12 | UM NOVO HOMEM
P. 173

## 13 | O FILHO PERDIDO
P. 185

## 14 | A MAIS BELA HISTÓRIA DE AMOR
P. 201

## 15 | A NOVA ALIANÇA
P. 219

## 16 | OS 144 MIL DE APOCALIPSE
P. 235

## 17 | AS DUAS TESTEMUNHAS
P. 271

## 18 | IGREJA "EKKLESIA" - O QHAL DE DEUS
P. 293

# DEPOIMENTOS

Após cinco anos construindo juntos o ministério, vejo a vida de um grande homem de Deus ser derramada em palavras reveladas a cada página deste livro.

Quero te encorajar a ler *O mistério de Cristo*. Este livro representa uma vida de entrega e sacerdócio do meu amigo e pastor, André Silveira.

Desafio você a mergulhar profundamente nas raízes da nossa fé cristã, compreendendo as revelações de quem somos como Igreja de Cristo. Garanto que sua vida nunca mais será a mesma. Prepare-se para um novo nível de revelação do sacrifício de Cristo e Seu plano poderoso de redenção, escrito em entrelinhas desde a criação do povo de Deus. Que este livro te guie a lugares mais altos do plano perfeito e do amor de Deus por você.

**Felipe Vieira**
Pastor na Igreja UP House

Tenho a alegria de andar próximo do André Silveira desde 2009, e por conhecer o seu coração, sei que este livro foi escrito com muito temor e zelo pela palavra de Deus.

Aproveite cada página e peça ao Senhor que, durante a leitura, revele a você cada vez mais o real propósito da sua existência! Se há algo que realmente vale a pena é chegar ao final da corrida, após uma vida de conquistas e alegrias, olhar para trás, e ver que cumprimos um propósito muito mais alto do que nós poderíamos ter imaginado ou mensurado.

Que este livro seja uma provocação a buscar ainda mais os altos planos que Deus tem sobre Seus filhos e meditar sobre eles!

**Henrique Ladenthin**
Pastor na Igreja Poiema

André é um amigo inspirador, com um coração apaixonado por Jesus e pelas Escrituras. Nossa amizade de longa data foi profundamente influenciada pela pregação do Evangelho que recebi através da sua vida.

Sua sede de conhecer mais a respeito de Jesus é inspiradora, e tenho plena certeza de que a mensagem contida neste livro irá despertar em você um desejo ainda maior de vivenciar um relacionamento profundo com o nosso Salvador.

Estou verdadeiramente grato por ter um amigo como o André. Tenho absoluta convicção de que ao ler o *Mistério de Cristo* você também será tocado e transformado por essa mensagem.

**Xande Guedes**
Pastor na Igreja Poiema

Este livro do meu amigo André Silveira beneficiará muito sua caminhada com Deus. Permitirá que você O encontre de uma maneira nova e mais poderosa, ao receber uma nova visão de alguns dos grandes mistérios do Evangelho e da união que desfrutamos com nosso Senhor Jesus Cristo. Uma compreensão mais profunda das promessas das Escrituras, que são cumpridas em Cristo, o levará a um novo nível de caminhada vitoriosa. Como você verá, as boas novas de Jesus são ainda melhores do que você imagina! Espere ser marcado e transformado ao mergulhar profundamente em Suas promessas e herança para você! Obrigado, André, por sua obediência em trazer este livro à fruição. Oro para que muitas vidas sejam transformadas por meio do encontro que as aguarda nestas páginas.

**Brian Britton**
Director – Harvest Family Network

PREFÁCIO

*"O mistério que esteve escondido durante séculos e gerações, mas que agora foi manifestado aos seus santos."*
**Colossenses 1:26**

A Escatologia é um dos temas mais controversos dentro da Igreja. O que realmente acontecerá nos últimos tempos? Quem é o anticristo? Como será o arrebatamento? O que podemos esperar durante a tribulação? Qual é o significado do milênio? Qual é o papel de Israel nesses acontecimentos? E como será o glorioso retorno de Jesus? São tantas interpretações diferentes que, se não tomarmos cuidado, podemos ficar sobrecarregados pela confusão.

No entanto, o cerne do problema, e o que poderia esclarecer grande parte desse conflito, reside no fato de que muitas pessoas simplesmente não estudam suas Bíblias. Construindo suas crenças com base nas palavras de pastores, histórias da vovó, pregações da internet ou no que leram em algum livro, raramente dedicam tempo para uma busca diligente das Escrituras por conta própria.

Para mim, fica evidente que apenas o hábito de buscar sistematicamente as Escrituras poderia aliviar a maior parte dessa confusão. É crucial que cada um de nós se comprometa a estudar as Escrituras com diligência, examinando-as cuidadosamente e buscando o entendimento profundo. Somente assim poderemos discernir a verdade e encontrar clareza em meio às diferentes interpretações.

Porém, é fundamental notar que existem assuntos em que a Bíblia simplesmente não é esclarecedora. Eu acredito que Jesus não nos revelou algumas coisas porque não somos capazes de lidar com a plenitude da verdade. A heresia entra na Igreja por meio de duas formas principais: quando somos específicos sobre um assunto em que a Bíblia é vaga, ou quando somos vagos sobre um assunto em que a Bíblia é específica. Devemos estar dispostos a aceitar que há coisas que Jesus optou por não compartilhar conosco até o momento adequado. Se Ele nos tivesse revelado tudo, poderíamos ser tentados a forçar acontecimentos de acordo com nossas próprias interpretações, antes do tempo determinado. Independentemente do motivo, fica claro para mim que algumas coisas sobre os últimos tempos Jesus simplesmente escolheu não nos contar ainda.

Uma das principais chaves para compreender os assuntos relacionados ao fim dos tempos é estar aberto para receber *insights* de outras pessoas. Sou cético em relação à eficácia daqueles que são dogmáticos em suas interpretações das Escrituras. Acredito que Deus concedeu a diferentes homens e mulheres de Deus diferentes peças do quebra-cabeça e, ao estarmos abertos para receber uns dos outros, em um espírito de unidade cristã, temos uma maior chance de descobrir toda a verdade. Quando eu era mais jovem, tinha certeza absoluta de que minhas crenças estavam corretas e de que a verdade era definida pela minha comunidade. Agora, com mais maturidade e sabedoria, estou aberto para ler e ouvir pessoas com pontos de vista totalmente diferentes dos meus, na esperança de que, através da humildade, eu possa alcançar uma compreensão mais profunda da verdade.

O apóstolo Paulo ministrou à Igreja em Bereia e fez um comentário interessante sobre eles. Ele afirmou que eram de caráter mais nobre do que os de Tessalônica, pois receberam a mensagem com grande interesse, examinando todos os dias as Escrituras, para ver se as coisas, de fato, eram assim (At 17:11). Esse é o método daqueles que são nobres em seu estudo das Escrituras e têm mais probabilidade de descobrir a verdade. Infelizmente, na maioria das igrejas hoje em dia, em vez de buscar as Escrituras para "confirmar se essas coisas, de fato, são assim", as pessoas as buscam com o propósito de provar que essas coisas **não** são assim. Elas se preocupam mais em demonstrar que estão certas do que de fato aprender a verdade. Jamais desejo ser tão fechado em minha mente a ponto de não poder aprender com os outros e receber novos níveis de verdade.

É comum admirarmos as visões de ministérios renomados por seu ensino sobre Escatologia e sermos atraídos por elas, o que pode levar-nos a confiar exclusivamente neles. No entanto, é mais saudável buscar informações de diversas fontes, em vez de nos limitarmos apenas a um único ministério "famoso" nesse assunto. Contudo, acredito que a sabedoria da Bíblia é verdadeira quando diz que "há segurança na multidão de conselhos" (Pv 11:14, ACF). É sempre útil investigar assuntos relacionados ao fim dos tempos a partir de mais de uma fonte. Após anos de estudo, adquiri certo nível de confiança em algumas áreas do debate escatológico. Algumas questões parecem ser abordadas de maneira clara tanto pela perspectiva bíblica quanto por ministérios dedicados ao ensino desses assuntos. Entretanto, há um tema que sempre senti que não era adequadamente definido: as dez tribos perdidas de Israel. Sabemos que essas tribos foram levadas cativas pelos assírios e nunca retornaram à terra de Israel. Elas não existem mais em sua forma pura, pois se dispersaram entre as nações do mundo, misturando-se com os chamados "gentios". Apesar disso, a Bíblia é clara sobre as promessas de Deus para essas tribos em alguma futura dispensação. Sempre foi um mistério compreender como essas tribos, que não existem mais em sua forma original, poderiam ser abençoadas. Embora estejamos cientes das promessas sobre a nação de Israel nos tempos atuais, é importante destacar que essa nação consiste apenas nas tribos de Judá, Benjamim e alguns levitas. Porém, surge uma questão intrigante: o que aconteceu com as outras dez tribos?

Eu acredito que o Senhor concedeu a André Silveira uma peça importante do quebra-cabeça para desvendar parte desse mistério. À medida que você percorrer as páginas deste livro, encontrará desafios e reflexões. É possível que você não concorde com todas as ideias apresentadas, mas tenho certeza de que conseguirá extrair grandes verdades ao ler com mente aberta e ao examinar as Escrituras para verificar a veracidade dessas afirmações. Afinal, como diz a Bíblia, "examinem as Escrituras para ver se as coisas, de fato, são assim" (At 17:11). Discordâncias são comuns entre as pessoas, mas, mesmo diante delas, encorajo-o a continuar a leitura, pois há revelações significativas nessas páginas. André não é dogmático em suas crenças. Acredito que ele reconhece que, assim como todos nós, está em constante processo de desvendar o mistério e buscar compreensão. No entanto, creio que Deus lhe concedeu uma chave para desvendar um dos grandes mistérios relacionados aos eventos do fim dos tempos. Ao meditar nesses princípios, sua vida será transformada e você será desafiado de maneira profunda.

Mark Shubert

# INTRODUÇÃO

> *"Eu não fui enviado senão às ovelhas
> perdidas da casa de Israel."*
> **Mateus 15:24**

O propósito deste livro é conduzir você a uma incrível jornada de conhecimento e revelação das Escrituras. Juntos, descobriremos nossa verdadeira identidade e propósito no plano de Deus.

Um dos grandes problemas atuais é que muitos cristãos sofrem da chamada "crise de identidade". Parte deles não sabem quem são, tampouco conhecem sua história e origem. Como resultado, não compreendem plenamente seu papel diante daquilo que Deus apresenta na Bíblia.

Embora a Igreja e seus líderes tenham feito um incrível trabalho pregando o Evangelho e anunciando o arrependimento pelo sangue de Cristo, alguns têm ignorado uma das principais razões pelas quais Cristo veio: a restauração de Israel. "Eu não fui enviado senão às ovelhas perdidas da casa de Israel" (Mt 15:24, ARC).

Talvez você me pergunte: "O que tenho eu a ver com Israel e como isso interfere em minha vida cristã e relacionamento com Deus?". Bom, eis uma resposta simples: porque a Nova Aliança é feita apenas com Israel (Casa de Judá e Casa de Israel). Isso mesmo. Deus não fez nenhuma aliança exclusiva com a Igreja à parte de Israel. Portanto, se você deseja participar da Nova Aliança em Cristo, é bom que entenda com quem ela é firmada.

Neste livro, veremos que Deus tem um povo a quem ama, povo que num futuro bem próximo se casará com Cristo, e juntos reinarão sobre a Terra por mil anos.

Sim! Deus tem uma nação santa, um povo de propriedade exclusiva. E como sabemos, esse povo é Israel. No entanto, surge a pergunta: mas quem, exatamente, é assim denominado? Esse é o grande ponto que, por mais de 2 mil anos, tem causado conflitos e divisões.

De forma sucinta: Israel foi o nome dado a Jacó, o qual teve 12 filhos que formaram a nação chamada Israel. Esse reino era unido e chamado de Casa de Israel. Em determinado momento, essa nação peca contra Deus e se desvia de seu propósito original. Como resultado, se divide, e passam a existir duas Casas de Israel (Casa de Judá e Casa de Israel) ou dois reinos (Reino do Sul e Reino do Norte), criando, a partir de então, inimizade entre eles. Grande parte da Bíblia fala acerca de uma futura restauração dessas duas Casas, que acontecerá nos últimos dias.

Gostaria de esclarecer que este não é um ensinamento dispensacionalista e muito menos de Teologia da Substituição. A Igreja não substitui Israel. Isso as Escrituras deixam bem claro, e mostrarei neste livro.

De acordo com o apóstolo Paulo, quando você é salvo, torna-se um israelita enxertado na oliveira natural de Israel. E para que tudo faça ainda mais sentido, saiba que a Nova Aliança da qual fazemos parte foi estabelecida pelo sangue de Cristo (Novo Testamento), e é feita exclusivamente com a Casa de Israel e a Casa de Judá (veja Jr 31:31 e Hb 8:8).

Talvez sua pergunta seja: "Onde me encaixo nessa história? E a Igreja, onde se encontra?". Sugiro que, antes de prosseguir com a leitura, pegue sua Bíblia e acompanhe de perto cada passagem e referência que serão apresentadas. Caso contrário, pode não ser de fácil compreensão o que lhe será exposto, pelo fato de que, possivelmente, seja um modelo diferente do que já foi apresentado a você.

Buscarei ser o mais objetivo possível, ainda que essa não seja uma leitura leve. Minha intenção não é escrever "exclusivamente" para acadêmicos, teólogos, mestres ou pastores, mesmo considerando que esse poderá ser um público com maior interesse. Meu intuito é transmitir um assunto profundo de maneira agradável, para que qualquer pessoa possa compreender e se aprofundar no conteúdo.

À medida que avançarmos sequencialmente pelas Escrituras, farei comentários sobre os versículos, demonstrando claramente a futura restauração de toda a Casa de Israel.

Não é minha intenção ofender, e peço desculpas antecipadamente se algo mencionado aqui parecer ofensivo. Desejo apenas ser tão honesto e fiel às Escrituras quanto meu entendimento permite. Por isso, por favor, não se ofenda se algumas das minhas crenças forem diferentes das suas. As Escrituras não são de interpretação particular, e isso, certamente, vale para mim também.

Antes de prosseguirmos, te convido a deixar de lado seus conceitos preestabelecidos. Não tenha uma opinião formada sem antes finalizar todo o conteúdo exposto neste livro.

Saiba que minha finalidade não é influenciá-lo a acreditar no que digo, mas despertar em você uma fome pela Palavra de Deus, fazendo com que busque entender o que a Bíblia diz, e não apenas o que os homens afirmam. Se estivermos abertos, chegaremos à conclusão de que a Bíblia se interpreta por si mesma.

Com isso, creio que as Escrituras por si só abrirão o seu entendimento de uma maneira que realmente o surpreenderá, levando-o a compreender coisas que antes não faziam sentido para você, e que agora ficarão totalmente claras.

Então, prepare-se, aperte os cintos, pegue um café e abra seu coração, pois, a partir de agora, daremos início ao que o apóstolo Paulo chama de *O Mistério de Cristo*. Vamos juntos descobrir o que em outras gerações não foi revelado aos homens, mas que agora, pelo Espírito, é revelado aos seus santos apóstolos e profetas (Ef 3:5).

Vamos lá! Você está feliz?

VÍDEOS

[QR Code - SCAN ME]

    Tenho a alegria de compartilhar com vocês uma novidade neste livro: ao escanear o QR Code, você terá acesso a vídeos exclusivos de cada capítulo. Assim, você será direcionado a uma página com conteúdo visual que enriquecerá sua experiência de leitura. Prepare-se para mergulhar em uma jornada literária envolvente e imersiva!

01

## A Bênção e a Aliança

O Senhor é um Deus de comunhão. É importante entender que, desde o princípio, o plano de Deus foi construir uma grande família na Terra. A ideia era que, por meio de Adão e Eva, essa família se formasse. Ao criar o homem e a mulher à Sua imagem e semelhança, os uniu em casamento e os abençoou para que fossem frutíferos e se multiplicassem, pois tudo o que Ele faz tem um propósito específico.

Veja em Gênesis o desejo do Criador para o homem:

> **Adão**
> Assim Deus criou o ser humano à sua imagem, à imagem de Deus o criou; homem e mulher os criou. E Deus os abençoou e lhes disse: **Sejam fecundos, multipliquem-se**, encham a terra e sujeitem-na. Tenham **domínio** sobre os peixes do mar, sobre as aves dos céus e sobre todo animal que rasteja pela terra.
> Gn 1:27-28 NAA

Ao unir Adão e Eva e lhes constituir como família, Deus os abençoa e lhes dá um destino como herança dessa união: **"Sejam fecundos"**, que em hebraico significa *"pãrâ"* ou *"parah"*

– *frutífero* ou *dar frutos;* "**multipliquem-se e dominem**". Mediante essa aliança entre Deus, Adão e Eva, todas as famílias da Terra seriam benditas.

O Senhor deixou princípios para o casamento, com o intuito de edificar e abençoar Seu povo:

- **Deixar pai e mãe:** [...] Portanto deixará o homem o seu pai e a sua mãe, e apegar-se-á à sua mulher, e serão ambos uma carne. Gn 2:24 ACF

- **Deus é o centro do casamento:** [...] O cordão de três dobras não se rompe com facilidade. Ec 4:12b NVI

- **Uma aliança por toda a vida:** [...] Portanto, o que Deus uniu, ninguém o separe. Mt 19:6 NVI

- **Somente a morte pode quebrar essa aliança:** [...] pela lei a mulher casada está ligada a seu marido enquanto ele estiver vivo; mas, se o marido morrer, ela estará livre da lei do casamento. Por isso, se ela se casar com outro homem enquanto seu marido ainda estiver vivo, será considerada adúltera. Mas, se o marido morrer, ela estará livre daquela lei e, mesmo que venha a se casar com outro homem, não será adúltera. Rm 7:2-3 NVI

Assim, a bênção estabelecida para o casamento foi de **frutificação e multiplicação**. É importante entendermos que alguns eventos acontecerão no decorrer dessa jornada. Veja quão perfeito é o plano do Senhor!

## A QUEDA

Com o passar dos dias, o homem desobedece ao princípio estabelecido por Deus e se contamina pelo desejo de querer tornar-se como Ele, comendo, então, do fruto da árvore do conhecimento do bem e do mal. Tal atitude gerou efeitos na humanidade.

Após a queda do homem, Deus deu início ao Seu projeto de redenção e purificação para que Sua família voltasse para Ele.

Perceba que, a partir de então, Deus começará a fazer alianças com Seu povo que carregarão as mesmas bênçãos concedidas a Adão e Eva: **frutificar e multiplicar**. E o incrível é que isso percorrerá toda a Bíblia por meio dos remanescentes!

Prepare-se! Estamos entrando em uma jornada de revelação e graça nos mistérios que antes não nos foram dados a conhecer. Vamos descobrir juntos como toda a Bíblia está entrelaçada. E isso você pode conferir desde Gênesis:

### ALIANÇA E RECOMEÇO

> **Noé**
> [...] Deus abençoou Noé e os seus filhos, dizendo: **Sejam fecundos (frutíferos)**, **multipliquem-se** e encham a terra.
> Mas **sejam fecundos (frutíferos) e multipliquem-se**; povoem a terra **e multipliquem-se** sobre ela.
> Eis que estabeleço **a minha aliança com vocês, e com a descendência de vocês**.
> Gn 9:1, 7, 9 NAA

Será coincidência? A mesma declaração feita a Adão, nesse momento, é determinada a Noé. Não! Não se trata de coincidência, mas de uma restauração sendo estabelecida. Como vimos, o desígnio do Senhor para o homem é de que ele frutifique, multiplique-se e domine sobre a Terra.

Infelizmente, algo drástico acontece no Éden: Adão se corrompe. Contudo, a vontade de Deus é boa, perfeita e agradável, e a mesma bênção, agora, é liberada a um remanescente: Noé. Em Gênesis 9:1, vemos que Deus chama Noé e sua família, liberando sobre eles: **"Sejam frutíferos e multipliquem-se"**. Observe ainda que, em Gênesis 9:7, Deus reafirma essa aliança, estabelecendo algo novo que não será somente para Noé e sua família, mas também para a sua descendência.

No transcorrer deste livro, você acompanhará ainda outros personagens que estão alinhados ao plano de Deus.

## A ALIANÇA COM ABRAÃO

Preste atenção em cada detalhe dessa incrível história, e na sequência dos acontecimentos, pois existem chaves para entendermos a narrativa bíblica e as promessas do Senhor para o Seu povo.

> **Abraão**
> [...] O Senhor disse a Abrão: Saia da sua terra, da sua parentela e da casa do seu pai e vá para a terra que lhe mostrarei. **Farei de você uma grande nação**, e o abençoarei, e engrandecerei o seu nome. Seja uma bênção! Abençoarei aqueles que o abençoarem e amaldiçoarei aquele que o amaldiçoar. **Em você serão benditas todas as famílias da terra**.
> Gn 12:1-3 NAA
>
> [...] por meio de você todos os povos da terra serão abençoados.
> Gn 12:3 NVI

Perceba que havia uma condição para que Abrão pudesse viver a promessa: "Sai da tua terra, da tua parentela e da casa de teu pai e vá para um lugar que te mostrarei". Aos 75 anos, Abrão toma sua esposa, seu sobrinho e alguns de seus parentes, deixando para trás sua cidade e conforto. Mas para onde iria? Ele não tinha ideia, Deus não havia revelado; entretanto, isso não o impedia de crer no Senhor.

Abrão estava indo ao encontro de sua promessa: por meio dele, surgiria uma **grande nação (Israel)** e **todas as famílias (povos)** da Terra seriam benditas.

> [...] O Senhor disse a Abrão, depois que Ló se separou dele: Erga os olhos e olhe de onde você está para o norte, para o sul, para o leste e para o oeste; porque toda essa terra que você está vendo, eu a **darei a você e à sua descendência**, para sempre. **Farei a sua descendência como o pó da terra, de maneira que, se alguém puder contar o pó da terra, então será possível também contar os seus descendentes**.
> Gn 13:14-16 NAA

Que paradoxo! Deus prometeu a Abrão que sua descendência seria incontável como o pó da terra; todavia, Abrão já estava em idade avançada e não tinha filhos (descendentes), e sendo Sarai estéril, como isso se cumpriria? Note que a mesma promessa se repete no capítulo 15:

> [...] Então o levou fora, e disse: **Olha agora para os céus, e conta as estrelas, se as podes contar. E disse-lhe: Assim será a tua descendência**. E creu ele no Senhor, e imputou-lhe isso por justiça.
> Gn 15:5-6 ACF

Novamente, vemos o Senhor confirmar Sua palavra, e agora com um decreto de aliança perpétua, assim demonstrando mais uma de Suas características: a de ser um Deus de aliança.

> [...] Sendo, pois, Abrão da idade de noventa e nove anos, apareceu o SENHOR a Abrão, e disse-lhe: Eu sou o Deus Todo-Poderoso, anda em minha presença e sê perfeito. **E porei a minha aliança entre mim e ti, e te multiplicarei grandissimamente**. Então caiu Abrão sobre o seu rosto, e falou Deus com ele, dizendo: Quanto a mim, **eis a minha aliança contigo: serás o pai de muitas nações**; E não se chamará mais o teu nome Abrão, mas **Abraão será o teu nome**; porque por pai **de muitas nações te tenho posto**; E **te farei frutificar grandissimamente**, e **de ti farei nações**, e **reis sairão de ti**; E **estabelecerei a minha aliança entre mim e ti e a tua descendência** depois de ti em suas gerações, **por aliança perpétua, para te ser a ti por Deus, e à tua descendência depois de ti.**
> Gn 17:1-7 ACF

Em hebraico, o significado de um nome tem grande importância, já que representa o caráter, a identidade, o propósito e o destino de alguém. Maria foi instruída pelo anjo Gabriel a chamar seu filho de Yeshua – *"salvação"* – pois o propósito no coração de Deus é a redenção de Seu povo.

Por intermédio dessa aliança, algo marcante acontece na história: Abrão – *"pai engrandecido"* – passa a ser chamado de Abraão – *"pai de multidões"*.

Isso é poderoso! Deus estava comunicando a Abrão que, a partir daquele momento, Ele mudaria não apenas seu nome, mas toda a sua vida, assim como identidade, caráter, propósito e destino; e não somente dele, mas de todos os seus descendentes.

No capítulo 12 de Gênesis, vemos: "Farei de você **uma grande nação**" **(Israel)**; e continua no capítulo 17: "Te multiplicarei grandissimamente e serás pai de **nações**" **(gentios)**. Perceba a singularidade disso! A mesma promessa feita a Adão e a Noé, agora, sendo entregue a Abraão: **"Te farei frutificar" (frutífero)**.

O Senhor também declara que sua descendência será incontável; uma multidão de povos, como pó da terra e estrelas do céu, e que a partir dele fará nações (gentios). Algo importante para refletirmos: seria esse povo prometido a Abrão o povo judeu? Uma nação com aproximadamente 14 milhões de pessoas, cerca de 0,02% da população mundial? Teria Deus cometido um equívoco?

Não! Deus não erra. De forma nítida, vemos que Ele fala sobre **uma nação (Israel)** e sobre **várias nações (gentios)**. Em toda a Bíblia, percebemos que Deus tem um plano para o Seu povo (Israel). Mas o essencial, além de entendê-lo, é compreendermos quem realmente é o Seu povo (o Israel de Deus), para assim descobrirmos nosso papel na história de Deus.

> **Deus prova Abraão**
> [...] Então, do céu bradou pela segunda vez o Anjo do SENHOR a Abraão e disse: Jurei, por mim mesmo, diz o SENHOR, porquanto fizeste isso e não me negaste o teu único filho, que deveras te abençoarei e certamente **multiplicarei a tua descendência como as estrelas dos céus** e **como a areia na praia do mar**; a tua descendência possuirá a cidade dos seus inimigos, nela serão benditas **todas as nações da Terra**, porquanto obedeceste à minha voz.
> Gn 22:15-18 ARA

As Escrituras, em sua totalidade, evidenciam o Senhor trazendo Seu povo de volta. Ele sempre desejou uma família. Se você ainda tem dúvidas de que o plano de Deus não é apenas para uma nação, mas para todas as nações da Terra, talvez não tenha lido atentamente o versículo acima, confirmando a declaração de que na **descendência de Abraão (Jesus)** serão **benditas todas as nações da Terra**, e não somente Israel.

> [...] Ora, as promessas foram feitas a Abraão e à sua descendência. Não diz: E às descendências, como falando de muitas, mas como de uma só: **E à tua descendência, que é Cristo**. Gl 3:16 ACF

02

# A Bênção da Primogenitura

A Palavra nos mostra que a bênção de frutificação e multiplicação tem início com Adão, mas houve a queda – o pecado original. Com isso, Deus, em Sua infinita sabedoria, estabelece Seu plano de restauração. No capítulo anterior, vimos que o Senhor abençoou Noé com o mesmo decreto, e também Abraão, que recebeu a promessa. Agora, veremos como isso se deu com Isaque.

**Isaque**
[...] Sobreveio fome à terra, assim como tinha acontecido nos dias de Abraão. Então Isaque foi a Gerar, encontrar-se com Abimeleque, rei dos filisteus. O Senhor apareceu a Isaque e lhe disse: – Não desça ao Egito, mas fique na terra que eu lhe indicar. Habite nela, e serei com você e o abençoarei. Porque a você e à sua descendência darei todas estas terras e confirmarei o juramento que fiz a Abraão, o seu pai. **Multiplicarei a sua descendência** como as estrelas dos céus e a ela darei todas estas terras. **Na sua descendência serão benditas todas as nações da terra**.
Gn 26:1-4 NAA

Você consegue perceber que essa promessa faz parte do plano de Deus? Ela vem sendo passada de geração a geração, graças a um propósito já estabelecido. Isso é maravilhoso! Vemos Isaque também sendo abençoado com o que foi prometido a seu pai, Abraão. Isaque teve dois filhos, Esaú (Edom – Islâmico) e Jacó (Israel).

O livro de Gênesis descreve que Isaque orou a Deus para que Rebeca lhe desse filhos. O Senhor ouviu sua oração e Rebeca engravidou de gêmeos. Descobrimos, então, que duas nações e dois povos estavam em seu ventre! O primeiro filho (peludo) foi chamado de Esaú, e o segundo (sem pelos), Jacó.

Gênesis 25:31-33 nos mostra que Esaú vende sua primogenitura a Jacó e, com isso, este torna-se o herdeiro da bênção do primogênito. Na sequência, veremos que, por intermédio de Jacó, essa bênção se estenderá ao mundo.

Na terra de Harã, Jacó sonha com uma escada posta na Terra, cujo topo atingia os céus, em que os anjos de Deus subiam e desciam. O Senhor estava no alto da escada e dizia a Jacó:

> [...] Eu sou o Senhor, Deus de Abraão, seu pai, e Deus de Isaque. A terra em que agora você está deitado, eu a **darei a você e à sua descendência**. **A sua descendência será como o pó da terra**; você se estenderá para o oeste e para o leste, para o norte e para o sul. **Em você e na sua descendência serão benditas todas as famílias da terra.**
> Gn 28:13-14 NAA

Sendo Jacó o primogênito, Deus lhe concede a bênção que havia sido entregue a seu pai, Isaque, e a seu avô, Abraão; a mesma antes conferida a Noé e a Adão.

> [...] Que o Deus Todo-Poderoso o abençoe, faça com que seja **fecundo** e o **multiplique para que você venha a ser uma multidão de povos**. Que ele lhe dê **a bênção de Abraão, a você e à sua descendência**, para que você possua a terra de suas peregrinações, concedida por Deus a Abraão.
> Gn 28.3-4 NAA

**A visão da escada**
> [...] Jacó partiu de Berseba e seguiu para Harã. Quando chegou a certo lugar, ali passou a noite, porque o sol já se havia posto. Pegou uma das pedras do lugar, fez dela o seu travesseiro e se deitou ali mesmo para dormir. **E sonhou: Eis que estava posta na terra uma escada cujo topo atingia o céu, e os anjos de Deus subiam e desciam por ela.**
> Gn 28:10-12 NAA

A visão de Jacó revela uma tipologia. É interessante entender que a Bíblia trabalha com tipos. De forma concisa, é possível dizer que os tipos não são meras analogias, mas figuras e símbolos com os quais Deus nos mostra elementos espirituais. A visão descrita em Gênesis 28:10 representa Jesus. Isso se comprova no livro de João:

**Essa visão representava Jesus**
> [...] Digo-lhes a verdade: Vocês verão o céu aberto e os anjos de Deus subindo e descendo sobre o Filho do homem.
> Jo 1:51 NVI

> **Troca de nome: Jacó para Israel**
> [...] Deus disse a ele: – Você se chama Jacó, mas o seu nome não será mais Jacó; o **seu nome será Israel**. E lhe deu o nome de Israel. Disse-lhe mais: – Eu sou o Deus Todo-Poderoso; **seja fecundo e multiplique-se**; **uma nação e multidão de nações sairão de você, e reis procederão de você**. A terra que dei a Abraão e a Isaque darei também a você e, depois de você, à sua descendência.
> Gn 35:10-12 NAA

## A IMPORTÂNCIA DOS NOMES

Como sabemos, existe algo poderoso no significado dos nomes. Ao fazer uma aliança com Jacó, que em hebraico significa *"aquele que segura pelo calcanhar"*, o Senhor muda seu nome para Israel – *"homem que lutou com Deus"* ou *"aquele que vê Deus"*.

Precisamos compreender que a promessa de frutificação e multiplicação está acompanhando uma linhagem de heranças e bênçãos de primogenitura, em que nem sempre aquele que nasce primeiro é o primogênito escolhido por Deus. E isso não é à toa, pois tudo está **sob um plano** de restauração da humanidade após a queda. Deus não está lançando uma promessa a toda e qualquer pessoa que aparece no contexto bíblico; Sua palavra profética acompanha os escolhidos, os Seus primogênitos!

Enfatizo que a palavra "frutífero", em hebraico, *Parah*, é a raiz da palavra *Ephraim*. E Efraim significa *"duplamente frutífero"*. Não temos, aqui, uma coincidência, mas algo profético!

Antes de avançarmos, atente-se ao que foi mencionado: de Jacó/Israel sairia uma grande nação (Israel) e uma multidão de nações (Efraim/gentios), que se espalharia pelos quatro cantos da Terra. A partir disso, muitos desdobramentos serão testemunhados na história. No próximo capítulo, veremos como tudo se conecta.

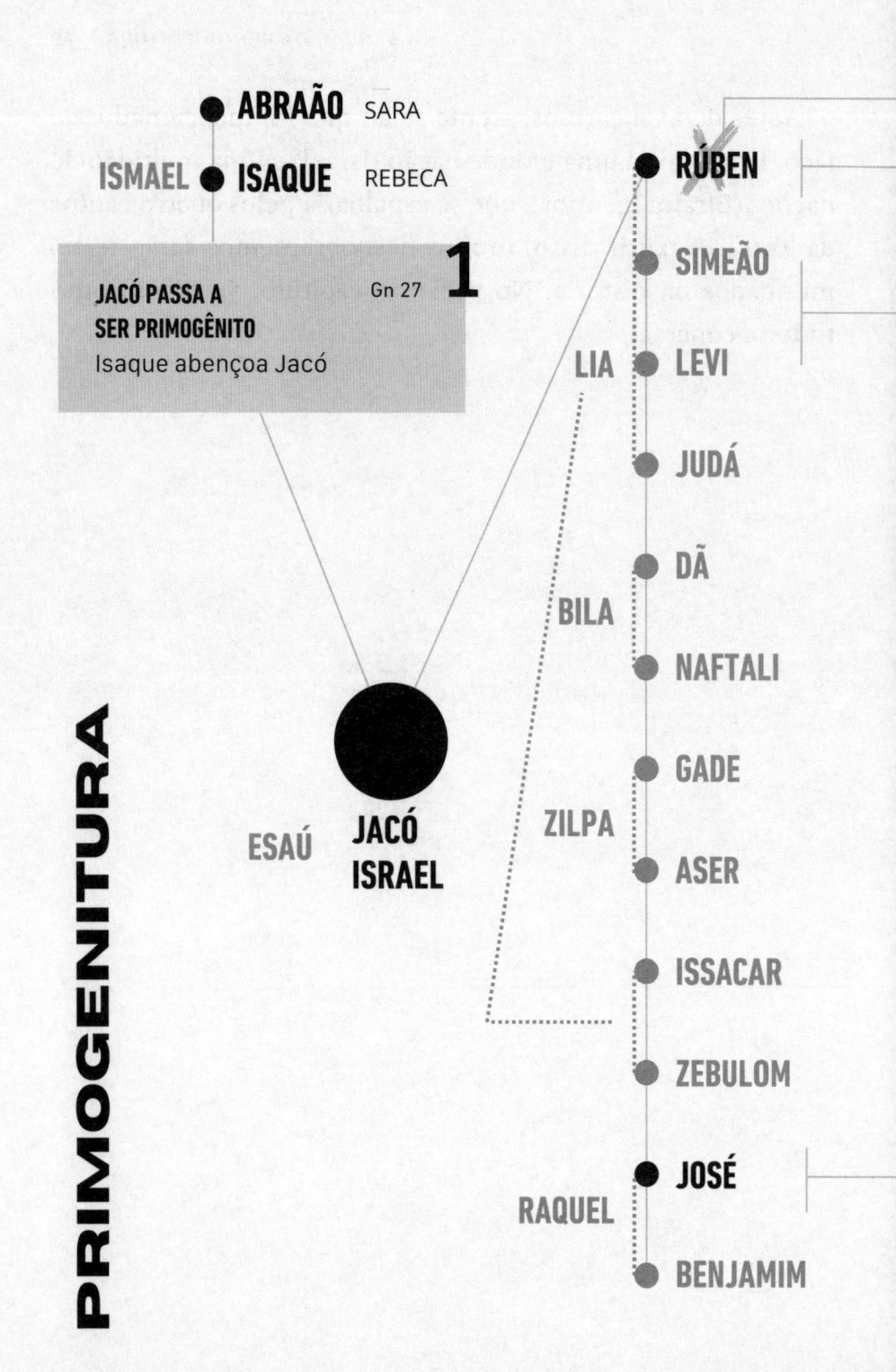

# PRIMOGENITURA

● **ABRAÃO** SARA

ISMAEL ● **ISAQUE** REBECA

**JACÓ PASSA A SER PRIMOGÊNITO**
Gn 27 — **1**
Isaque abençoa Jacó

ESAÚ **JACÓ / ISRAEL**

LIA:
- ● RÚBEN
- ● SIMEÃO
- ● LEVI
- ● JUDÁ

BILA:
- ● DÃ
- ● NAFTALI

ZILPA:
- ● GADE
- ● ASER

LIA:
- ● ISSACAR
- ● ZEBULOM

RAQUEL:
- ● JOSÉ
- ● BENJAMIM

● EFRAIM

**3 PERDEU A PRIMOGENITURA** — Gn 35:22
Ao se relacionar com Bila, uma das mulheres de seu pai, Jacó

**2 PERDEU A PRIMOGENITURA** — Gn 34:25-30
Simeão e Levi traem seu pai, Jacó

**6 EFRAIM, O PRIMOGÊNITO DE DEUS** — Jr 31:29
Sou pai para Israel, e Efraim é o meu primogênito.

**4 TORNA-SE O PRIMOGÊNITO** — Gn 35:22
Efraim e Manassés ganham a primogenitura

● EFRAIM
● MANASSÉS

**5 A TROCA DA PRIMOGENITURA** — Gn 48:11-20
Jacó coloca Efraim adiante de Manassés

03

# A Bênção Profética

### O ISRAEL DE DEUS

Para entendermos quem é Israel, primeiramente, precisamos entender a origem do seu nome.

> [...] Você se chama Jacó, mas o seu nome não será mais Jacó; **o seu nome será Israel**. E lhe deu o nome de Israel. Disse-lhe mais: – Eu sou o Deus Todo-Poderoso; **seja fecundo e multiplique-se; uma nação e multidão de nações sairão de você, e reis procederão de você.**
> Gn 35:10-11 NAA

Esse é o momento em que Deus muda o nome de **Jacó** para **Israel**. Repare que, após isso, a mesma promessa de frutificar e multiplicar é declarada sobre ele. E nesse instante o Senhor diz que, por intermédio de Israel/Jacó, surgiria *uma nação* (Israel) e *uma multidão de nações*.

No texto original, em hebraico, está escrito que de **Israel (Jacó)** sairia uma **nação (Goy)** e uma **multidão de nações (Qahal ha Goy: Ekklesia dos Gentios; Igreja dos Gentios)**.

Atente-se para algo extraordinário: a bênção do Senhor não foi estabelecida apenas para um povo, mas sobre Jacó/Israel e sua descendência, a qual seria uma nação (após a divisão do Reino, apenas a Casa de Judá foi chamada Israel) e uma multidão de nações (a Igreja dos Gentios, depois da divisão e da primeira vinda do Messias). Diante disso, começamos a entender que a promessa de Deus – "frutifique e multiplique-se" – nunca foi somente para uma tribo (Judá), pois destinava-se a Israel (Jacó) e sua descendência (Cristo). Veremos, mais adiante, que essa bênção foi transferida especificamente a uma pessoa.

Jacó/Israel teve 12 filhos, os quais, futuramente, viriam a ser as 12 tribos de Israel. Em Gênesis 37:3, a Bíblia relata que Jacó/Israel amava mais a José do que a seus outros filhos, pois era o filho de sua velhice. Por ciúmes, os irmãos de José o vendem para o Egito, fazendo com que o pai acreditasse que José estava morto. No Egito, José teve dois filhos, Manassés e Efraim, e tornou-se o governador daquele lugar. Em devido tempo, Canaã passa por uma grande seca, levando os irmãos de José a irem ao Egito em busca de alimentos.

Certo dia, José os avista, mas eles não o reconhecem. José então se revela, e um reencontro entre ele e o pai, Jacó, é promovido pelos irmãos.

Já em idade avançada, Israel chama José e seus dois filhos, Manassés e Efraim. É chegado o momento em que a bênção concedida às gerações terá seu destino revelado, transformando, para sempre, a história da humanidade.

Vamos analisar estes versículos:

> [...] Passadas estas coisas, disseram a José: – Seu pai está doente. Então José tomou consigo seus dois filhos, **Manassés e Efraim**.
> Gn 48:1 NAA

> [...] Então Jacó disse a José: – O Deus Todo-Poderoso me apareceu na cidade de Luz, na terra de Canaã, me abençoou e me disse: "Eis que eu o farei **fecundo e o multiplicarei. De você farei uma multidão de povos** e à sua descendência darei esta terra como propriedade perpétua." E agora os seus **dois filhos**, que lhe nasceram na terra **do Egito** antes que eu viesse para junto de você aqui no Egito, são meus. **Efraim e Manassés serão meus**, assim como Rúben e Simeão são meus.
> Gn 48:3-5 NAA

Nesta hora, Israel/Jacó então irá abençoar todos os seus filhos. Já temos clareza do quão importante é a bênção da primogenitura, o que nos leva a entender que o primeiro a ser abençoado por Israel/Jacó deveria ser o seu primogênito, Rúben. Mas, em vez disso, ele escolhe José. Perceba que o Senhor está fazendo algo. E lembre-se: para Deus, nem sempre o primogênito natural será o espiritual. Isso é extraordinário!

Assim, José se apresenta diante de Jacó com seus dois filhos. Repare que algo já está acontecendo profeticamente. José pega seus filhos pela ordem: primeiro, o primogênito Manassés; em seguida, Efraim. No entanto, quando Israel/Jacó fala sobre os filhos de José, a troca da primogenitura já estava sendo feita, pois ele menciona: "**Efraim** e Manassés serão meus". Veja este detalhe incrível! Ele não diz: "Manassés e Efraim", mas "**Efraim** e Manassés". E ainda: "Assim como Rúben e Simeão, **Efraim e Manassés serão meus**". Fatos cruciais ocorriam naquele momento. Uma troca de primogenitura estava sendo feita: Efraim se tornando o primogênito no lugar de Manassés, e ambos assumindo o lugar de outros primogênitos naturais, Rúben e Simeão.

## A BÊNÇÃO PROFÉTICA

[...] Quando Israel viu os filhos de José, perguntou: – Quem são estes? José respondeu a seu pai: – São meus filhos, que Deus me deu aqui. Israel disse: – Traga-os para perto de mim, para que eu os abençoe. Os olhos de Israel já estavam fracos por causa da velhice, de modo que não podia ver bem. Por isso José levou os filhos para perto dele; e ele os beijou e os abraçou.
Gn 48:8-10 NAA

Israel/Jacó já estava no fim de seus dias, e mal conseguia enxergar. Em razão disso, começa a distribuir sua herança e abençoar seus filhos. Note que os primeiros a receber a herança não foram Rúben e Simeão, e sim, os filhos de José – Efraim e Manassés –, que passaram a ser filhos de Israel/Jacó.

Somente mais tarde, ele abençoa todos os outros filhos, incluindo Judá (o povo judeu). Você se lembra das promessas de frutificação e multiplicação feitas a Abraão, Isaque e Jacó? Pois bem, essas promessas agora se estendem a José e, em determinado ponto, a Palavra nos revela que essa promessa vai para alguém em específico: Efraim.

Portanto, a bênção de "multidão de nações" e multiplicação não permanece sobre todas as tribos de Israel. E é exatamente nesse ponto que muitos equívocos são induzidos como princípios, tanto no Judaísmo quanto no Cristianismo, pois há confusão de entendimento.

Meu coração queima enquanto escrevo! Espero que vocês estejam sentindo o mesmo com essas revelações. Vamos lá!

Devido à sua idade avançada, Israel/Jacó estava com a visão enfraquecida, mas naquele exato momento, ele recebe um vislumbre. A Bíblia relata que ele pôde ver a José, e emocionado, expressa que jamais imaginou que o veria novamente, "devido à sua falta de visão". É interessante observar que ele continua afirmando que foi Deus quem lhe permitiu enxergar, e não apenas seu filho José, mas o Senhor lhe mostrou também Efraim e Manassés. Ele afirma: "E eis que Deus me fez ver os teus filhos também". Aqui, Deus já está mostrando algo profético para Israel/Jacó.

> [...] Depois José pegou os dois filhos e os colocou diante do pai. Pegou **Efraim** com a mão direita, para que ficasse **à esquerda de Israel, e Manassés** com a mão esquerda, para que ficasse **à direita de Israel.**
> Gn 48:13 NAA

Podemos ver que José tentou ajudar seu pai ao colocar o primogênito, Manassés, em frente à mão direita de Israel, e Efraim na mão esquerda.

> [...] Mas **Israel estendeu a mão direita** e a pôs **sobre a cabeça de Efraim**, que era o mais novo, e **pôs a mão esquerda sobre a cabeça de Manassés, cruzando assim as mãos, mesmo sendo Manassés o primogênito.** E Israel abençoou José, dizendo: – O Deus em cuja presença andaram meus pais Abraão e Isaque, o Deus que tem sido o meu pastor durante a minha vida até este dia, o Anjo que me tem livrado de todo mal, abençoe estes meninos! Que **por meio deles seja lembrado o meu nome** e o nome de meus pais Abraão e Isaque! Que **cresçam e se tornem uma multidão sobre a terra.**
> José viu que seu pai havia posto a mão direita sobre a cabeça de Efraim e isto não lhe agradou. Pegou a mão de seu pai para mudá-la da cabeça de Efraim para a cabeça de Manassés. E José disse ao pai: – **Não assim, meu pai, pois**

> **o primogênito é este;** ponha a mão direita sobre a cabeça dele. **Mas seu pai recusou e disse**: – Eu sei, meu filho, eu sei. **Ele também será um povo**, também ele será grande. **Mas o seu irmão menor será maior do que ele, e a sua descendência será uma multidão de nações**. Assim, os abençoou naquele dia, declarando: – Por vocês Israel abençoará, dizendo: "Deus faça com você como fez com Efraim e com Manassés." E assim **Israel pôs Efraim antes de Manassés**. Gn 48:14-20 NAA

Você consegue ver o que está acontecendo? Isso faz sentido para você? Vamos juntos examinar esses detalhes.

Observe algo comigo: sabemos que Deus trabalha com nomes, números e sinais; essa é uma forma profética com que Ele faz as coisas, uma das Suas formas de trabalhar. Preste atenção aos nomes de dois personagens que estão protagonizando essa história: **Manassés** significa *"levando a esquecer"*; e **Efraim**, como já vimos, *"duplamente frutífero"*.

A bênção da mão direita, ou bênção da primogenitura, era transmitida ao sucessor. Sendo assim, José tentou ajudar Israel/Jacó, posicionando Manassés, o primogênito, em frente à sua mão direita, e Efraim, o segundo filho, em frente à mão esquerda, para que fossem, dessa forma, abençoados. Porém, o que José não imaginava, era que a bênção de frutificação e multiplicação não seria concedida a alguém com o nome *"levando a esquecer"*, mas sim, àquele que é **duplamente frutífero: Efraim**.

Nesse momento, Israel/Jacó cruza as mãos, colocando a **mão direita sobre a cabeça de Efraim** e a esquerda sobre Manassés. Ele os abençoa e diz: Seja neles chamado o meu nome, **Israel** *["Deus prevalece"]*, o nome de meus pais, **Abraão** *["Pai de uma multidão"]* e **Isaque** *["Ele ri"]*.

Aleluia! Isso é incrível! E Israel/Jacó continua dizendo: "Cresçam em multidão sobre a terra". Veja como Deus é perfeito! Em hebraico, o vocábulo para "cresçam" é *[dagah]*, procedente da raiz *[dag]*, que traduzida significa "pescaria" ou **"peixes"**; *multidão* nos remete a pessoas, humanidade na Terra. Algumas versões da Bíblia falam: "Multipliquem-se como **peixes em multidão, no meio da terra**".[1]

Onde, na Bíblia, podemos ver Deus falando sobre peixes na Terra?

Em Mateus 4:18, Jesus chama Pedro, André, Tiago e João para fazer deles pescadores de homens (vidas; multidão) na Terra. Temos, aqui, mais uma confirmação da bênção concedida a Efraim.[2]

Essa bênção é mencionada ainda em 1 Pedro 2:9-10; Oseias 1:10 e Romanos 9:24-27.

Como as Escrituras relatam, "**José viu que seu pai havia posto a mão direita sobre a cabeça de Efraim e isto não lhe agradou. Pegou a mão de seu pai para mudá-la da cabeça de Efraim para a cabeça de Manassés**". E José disse: "Não, meu pai, o primogênito é Manassés. Você errou ao colocar a mão sobre Efraim". A resposta de Israel/Jacó foi: "Eu sei, meu filho, eu sei. **Ele também será um povo**, também ele será grande. **Mas o seu irmão menor (Efraim) será maior do que ele, e a sua descendência será uma multidão de nações**."

Observe que ele diz: "Manassés será um povo, e esse povo será grande, mas **Efraim será maior** do que ele, e a **sua descendência será multidão de nações**".

Em Gênesis 48:19, a expressão "multidão de nações", no texto original, significa *[Melo Ha Goym]*:

---

1  ARC – Almeida Revista Corrigida
2  Lucas 5:5-10

- **Melo**: multidão ou **plenitude**.
- **Goym**: nações ou **gentios**.

Podemos ver que essa mesma expressão aparece em Romanos 11:25, quando Paulo se refere a um mistério. Que mistério seria esse? O tempo da **plenitude dos gentios**. Deste modo, de Efraim sairia a plenitude dos gentios!

Com isso, onde as traduções falam "multidão de nações", também é possível lermos "**plenitude dos gentios**". Leia:

> [...] Eu sei, meu filho, eu sei; Ele também será um povo, também ele será grande. Mas o seu irmão menor será maior do que ele, e a sua descendência será a **plenitude dos gentios**.
> Gn 48:19 NAA

Conforme acompanhamos, a Palavra nos mostra que Efraim ficou com a bênção do nome de Israel, frutificação e multiplicação. Atente-se para mais uma confirmação de que Efraim havia se tornado o primogênito e herdeiro da promessa da multiplicação:

> [...] Assim, os abençoou naquele dia, declarando: – Por vocês Israel abençoará, dizendo: "Deus faça com você como fez com Efraim e com Manassés." **E assim Israel pôs Efraim antes de Manassés.**
> Gn 48:20 NAA

Agora veja o que é declarado sobre Judá:

> [...] Judá, os seus irmãos o louvarão; a sua mão estará sobre o pescoço dos seus inimigos; os filhos de seu pai se inclinarão diante de você. Judá é um leãozinho; da presa você subiu,

meu filho. Ele se agacha e se deita como leão e como leoa; quem o despertará? **O cetro não se afastará de Judá,** nem o bastão sairá de entre os seus pés, **até que venha Siló**; e a ele obedecerão os povos.
Gn 49:8-10 NAA

Então, todos os filhos de Israel recebem suas bênçãos e heranças. Como sabemos, Efraim passa a ser o primogênito escolhido por Deus. Judá, por sua vez, recebe a bênção de reinar, até que, de sua descendência, venha o Messias.

Desta forma, além de Efraim receber a bênção de "multiplicar-se como peixes em multidão, no meio da terra", ele também assume o nome de *Israel*. Assim, você pode indagar: quem é o Reino de Israel, após a divisão das tribos? E esse é o Reino do Norte, também conhecido como **Casa de Israel**, liderado por **Efraim**.

> [...] Virão com choro, e com súplicas os levarei; eu os guiarei aos ribeiros de águas, por um caminho reto em que não tropeçarão; porque sou pai para Israel, e **Efraim é o meu primogênito**.
> Jr 31.9 NAA

04

# A Divisão do Reino

Estamos seguindo uma linha de tempo, profecias e bênçãos que Deus designou para Seu povo. Como visto no capítulo anterior, Israel/Jacó abençoa todos os seus filhos e sobre Efraim recai a bênção da primogenitura. Judá, por sua vez, ficou com a bênção do reinado, governo e legislação, e dele viria o Messias. Isso significa que os demais filhos de Israel também receberam sua porção, e cada qual com sua importância. Porém, sobre Efraim e Judá é liberado algo que transformará a trajetória da humanidade.

Ao percorrer a história, notamos que o povo de Israel foi aprisionado por 400 anos no Egito. Deus então chamou Moisés como o líder que os conduziria à liberdade. No entanto, devido à murmuração, incredulidade e desobediência ao sair do Egito, o povo vagou por mais 40 anos no deserto. Ao fim dessa jornada, eles finalmente chegam a Canaã, a tão sonhada **terra prometida**, e sob a liderança de Josué, a conquistam. Finalmente, o Reino de Israel começa a se estabelecer novamente, dividindo o território de Canaã entre as 12 tribos.

Sem um representante central, cada tribo tinha seu próprio líder. Os juízes, líderes nacionais, possuíam pouca autoridade.

Assim, começa o período de Juízes, caracterizado por uma relação instável entre as tribos, as quais em alguns momentos até guerreavam entre si. Diante disso, os israelitas resolvem se unir e instaurar uma monarquia, dando início, então, ao período dos Reis.

Israel teve três reis. O primeiro, Saul (em hebraico: *"pedido"*, *"desejado"*), foi da tribo de Benjamim e ungido pelo profeta Samuel. Sob seu reinado, Israel conquistou inúmeras vitórias, porém, seus erros foram graves o suficiente para fazer com que seu governo fosse transferido para Davi.

Davi era da tribo de Judá e seu reinado em Israel durou 40 anos. Assim como Jesus, recebeu três tipos de unção:

**1. Unção profética** (1 Sm 16:13): foi a primeira vez que Davi foi ungido rei. Essa unção representava o chamado para um futuro reinado sobre Israel.

**2. Unção de autoridade real** (2 Sm 2:4): 15 anos após sua primeira unção, Davi foi ungido pela segunda vez. Com isso, ele assume o reinado de Judá e enfrenta grandes adversidades com os inimigos do povo de Israel e, até mesmo, em sua família.

**3. Unção sacerdotal** (2 Sm 5:3): depois da segunda unção, sete anos e meio se passam (2 Sm 2:11); pela terceira vez, Davi é ungido. Nessa ocasião, ele estava assumindo o trono de Israel e, definitivamente, sendo estabelecido como o rei de seu povo.

Durante seu reinado, Davi traz de volta a Arca da Aliança ao Monte Sião e restabelece a adoração ao Senhor (2 Sm 6:15).

Com isso, ele expande sua popularidade, ganhando autoridade política e influência espiritual sobre o povo.

Um fato interessante é que, para um rei ser completo, ele deveria receber essas três unções: sacerdotal, real e profética. Jesus recebeu dos magos ouro, incenso e mirra, símbolos de rei (ouro), sacerdote (incenso) e profeta (mirra).

O primogênito de Davi chamou-se Amnom. O rei de Israel teve muitos descendentes, dois deles com Bate-Seba. No entanto, o primeiro, nascido de seu adultério, faleceu. Então, nasceu Salomão, *"Paz"*. A Bíblia diz que Deus amou Salomão. No capítulo 12 do segundo livro de Samuel, vemos que Davi o entrega ao profeta Natã, que o chamava de Jedidias, *"Amado do Senhor"*.

Com a proximidade de sua morte, Davi chama Salomão e o instrui para que, acima de tudo, ele permanecesse fiel aos princípios estabelecidos por Deus.

> [...] E aproximaram-se os dias da morte de Davi; e deu ele ordem a Salomão, seu filho, dizendo: Eu vou pelo caminho de toda a terra; esforça-te, pois, e sê homem. E **guarda a ordenança do Senhor teu Deus**, para andares nos seus caminhos, e para guardares os seus estatutos, e os seus mandamentos, e os seus juízos, e os seus testemunhos, como está escrito na lei de Moisés; **para que prosperes em tudo quanto fizeres, e para onde quer que fores**. Para que o Senhor confirme a palavra, que falou de mim, dizendo: **Se teus filhos guardarem o seu caminho, para andarem perante a minha face fielmente, com todo o seu coração e com toda a sua alma, nunca, disse, te faltará sucessor ao trono de Israel.**
> 1 Rs 2:1-4 ACF

Durante o período dos reis em Israel, as 12 tribos estavam unidas e prosperavam. Israel era um povo próspero. Saul deu início a esse reinado, Davi alinhou e ensinou o povo sobre a importância de permanecerem com a presença de Deus, e Salomão, por sua vez, foi o encarregado da edificação do templo. Apesar disso, havia uma condição para que esse reino permanecesse abençoado e unido: era necessário que o próximo rei continuasse seguindo os princípios preestabelecidos por Deus, os quais Davi entregou a Salomão.

> [...] Eram, pois, **os de Judá e Israel muitos**, como a areia que está junto ao mar em **multidão,** comendo, e bebendo, e alegrando-se. E dominava Salomão sobre todos os reinos, desde o rio até à terra dos filisteus, e até ao termo do Egito; os quais traziam presentes, e serviram a Salomão todos os dias da sua vida.
> 1 Rs 4:20-21 ACF

Assim como Davi, Salomão reinou por 40 anos sobre Israel, enquanto ainda eram unidos em 12 tribos e chamados de Casa de Israel. Infelizmente, ele não obedeceu as instruções de seu pai, Davi, causando uma grande perda.

> [...] **E o rei Salomão amou muitas mulheres estrangeiras, além da filha de Faraó: moabitas, amonitas, edomitas, sidônias e heteias. Das nações de que o Senhor tinha falado aos filhos de Israel: Não chegareis a elas, e elas não chegarão a vós;** de outra maneira, perverterão o vosso coração para seguirdes os seus deuses. A estas se uniu Salomão com amor. E tinha setecentas mulheres, princesas, e trezentas concubinas; e suas mulheres lhe perverteram o coração. Porque sucedeu que, **no tempo da velhice de Salomão, suas mulheres lhe perverteram o coração para seguir outros deuses; e o seu coração não era perfeito para com o Senhor seu Deus, como o coração de Davi, seu pai,** porque Salomão seguiu a Astarote,

deusa dos sidônios, e Milcom, a abominação dos amonitas. **Assim fez Salomão o que parecia mal aos olhos do Senhor; e não perseverou em seguir ao Senhor, como Davi, seu pai.**
1 Rs 11:1-6 ACF

A Bíblia descreve que Deus se ira contra Salomão devido à sua desobediência, tendo em vista ele ter quebrado os mandamentos ao casar-se com mulheres estrangeiras que desviaram seu coração, levando-o a construir templos de adoração a deuses pagãos. A partir de então, Deus promete que o reino será dividido e que uma parte será entregue a um servo do rei.

[...] E acerca deste assunto lhe tinha dado ordem que não seguisse a outros deuses; porém **não guardou o que o Senhor lhe ordenara. Assim disse o Senhor a Salomão: Pois que houve isto em ti, que não guardaste a minha aliança e os meus estatutos que te mandei, certamente rasgarei de ti este reino, e o darei a teu servo.** Todavia nos teus dias não o farei, por amor de Davi, teu pai; da mão de teu filho o rasgarei; **Porém todo o reino não rasgarei; uma tribo darei a teu filho,** por amor de meu servo Davi, e por amor a Jerusalém, que tenho escolhido. Levantou, pois, o Senhor contra Salomão um adversário, Hadade, o edomeu; ele era da descendência do rei em Edom.
1 Rs 11:10-14 ACF

Então, Deus avisa a Salomão que despedaçará seu reino e entregará parte dele a um de seus servos. Por amor a Davi, isso não aconteceria nos dias de Salomão, contudo, quando seu filho assumisse o reinado, o reino seria rasgado, deixando apenas uma tribo para seu filho.

Após isso, o Senhor começa a levantar muitos adversários contra Israel. Anos se passam, e o reino de Salomão é transferido para seu filho Roboão³. E, como sabemos, o Reino de Israel seria dividido.

Veja quem foi o servo a quem Deus confiou grande parte desse reino:

> [...] **Jeroboão**, filho de Nebate, **EFRAIMITA** de Zereda, servo de Salomão, e cuja mãe era mulher viúva, por nome Zerua, levantou a mão contra o rei.
> 1 Rs 11:26 ARA

> [...] E o homem **Jeroboão** era forte e valente; e vendo Salomão a este jovem, que era laborioso, ele o pôs sobre todo o cargo da casa de José. Sucedeu, pois, naquele tempo que, saindo Jeroboão de Jerusalém, o profeta Aías, o silonita, o encontrou no caminho, e ele estava **vestido com uma roupa nova**, e os dois estavam sós no campo. **E Aías pegou na roupa nova que tinha sobre si, e a rasgou em doze pedaços. E disse a Jeroboão: Toma para ti os dez pedaços, porque assim diz o Senhor Deus de Israel: Eis que rasgarei o reino da mão de Salomão, e a ti darei as dez tribos. Porém, ele terá uma tribo, por amor de Davi, meu servo, e por amor de Jerusalém, a cidade que escolhi de todas as tribos de Israel.**
> 1 Rs 11:28-32 ACF

Você deve ter notado algo... De onde era Jeroboão? A qual tribo ele pertencia? Sim! Ele era de Efraim, exatamente a tribo a quem havia sido entregue a bênção profética! Deus está escolhendo um efraimita para reinar sobre as dez tribos do Norte. Tudo isso

---
3 1 Reis 12:1-17

aponta para os propósitos divinos e seus planos predeterminados. Nesse momento, Deus escolhe alguém da tribo de Efraim *("duplamente frutífero")*, cujo nome é Jeroboão *("o povo contenderá")*.

> [...] Assim Salomão procurou matar Jeroboão; porém Jeroboão se levantou, e fugiu para o Egito, a ter com Sisaque, rei do Egito; e esteve no Egito até que Salomão morreu.
> 1 Rs 11:40 ACF

Já temos clareza de que Jeroboão, o efraimita, havia recebido a profecia, e de que o reino não seria dividido nos dias de Salomão. Deus daria uma tribo ao seu filho Roboão, a tribo de Benjamim, por amor a Davi e a Jerusalém, confirmando a profecia de que o cetro de autoridade não sairia de Judá até a vinda de Cristo.

Sabendo da profecia, Salomão procura matar Jeroboão, que foge para o Egito e lá permanece até a morte de Salomão. Após a morte do rei Salomão, seu filho Roboão torna-se rei de Israel, que ainda estava unificado em 12 tribos.

> [...] E foi Roboão para Siquém; porque todo o Israel se reuniu em Siquém, para o fazerem rei. Sucedeu que, Jeroboão, filho de Nebate, achando-se ainda no Egito, para onde fugira de diante do rei Salomão, voltou do Egito, Porque mandaram chamá-lo; veio, pois, Jeroboão e toda a congregação de Israel, e falaram a Roboão, dizendo: Teu pai agravou o nosso jugo; agora, pois, alivia tu a dura servidão de teu pai, e o pesado jugo que nos impôs, e nós te serviremos. E ele lhes disse: Ide-vos até ao terceiro dia, e então voltai a mim. E o povo se foi.
> 1 Rs 12:1-5 ACF

Nesse momento, havia uma grande insatisfação entre os israelitas, especialmente os que pertenciam às tribos do Norte, já que Salomão havia sobrecarregado o povo com excessivas cargas de impostos e açoites para aqueles que se rebelassem.

Roboão, agora, assume o trono de Israel. Ao ouvir isso, Jeroboão volta do Egito e reúne toda a congregação de Israel. Juntos, eles vão até Roboão pedir que diminua o jugo que seu pai, Salomão, havia posto sobre eles. Como acordo, todo o Israel voltaria a servi-lo. Roboão pede um prazo de três dias para consultar os anciãos, conselheiros de Salomão. E eles aconselham-no a atender o pedido do povo. No entanto, Roboão não dá ouvidos a eles e decide ouvir os mais jovens, que o aconselham a rejeitar o acordo proposto pelo povo. Veja o desenrolar disso:

> [...] Veio, pois, Jeroboão e todo o povo, ao terceiro dia, a Roboão, como o rei havia ordenado, dizendo: Voltai a mim ao terceiro dia. E o rei respondeu ao povo duramente; porque deixara o conselho que os anciãos lhe haviam dado. E lhe falou conforme ao conselho dos jovens, dizendo: Meu pai agravou o vosso jugo, porém eu ainda aumentarei o vosso jugo; meu pai vos castigou com açoites, porém eu vos castigarei com escorpiões. O rei, pois, não deu ouvidos ao povo; porque esta revolta vinha do Senhor, para confirmar a palavra que o Senhor tinha falado pelo ministério de Aías, o silonita, a Jeroboão, filho de Nebate.
> 1 Rs 12:12-15 ACF

Como resultado, ele agrava ainda mais o jugo, supondo que assim seria temido e respeitado. Entretanto, o povo interpreta isso como desprezo por parte de Roboão e decide não mais obedecê-lo. Conforme diz a Palavra, tal revolta fazia parte do plano de Deus.

Roboão envia Adorão, o responsável pelos tributos e impostos, para as tribos do Norte. E, como sinal dessa revolta, ele é apedrejado pelo povo. Consequentemente, as tribos do Norte se levantam em rebelião contra o reinado de Roboão, e Jeroboão as lidera. Assim, a nação de Israel é dividida em duas partes: as tribos do Norte e as tribos do Sul. Roboão reina sobre as tribos do Sul, e Jeroboão, o efraimita, sobre as dez tribos do Norte.

> [...] Vendo, pois, todo o Israel que o rei não lhe dava ouvidos, tornou-lhe o povo a responder, dizendo: Que parte temos nós com Davi? Não há para nós herança no filho de Jessé. Às tuas tendas, ó Israel! Provê agora a tua casa, ó Davi. Então Israel se foi às suas tendas. No tocante, porém, aos filhos de Israel que habitavam nas cidades de Judá, também sobre eles reinou Roboão. Então o rei Roboão enviou a Adorão, que estava sobre os tributos; e todo o Israel o apedrejou, e ele morreu; mas o rei Roboão se animou a subir ao carro para fugir para Jerusalém. **Assim se rebelaram os israelitas contra a casa de Davi, até ao dia de hoje**. E sucedeu que, **ouvindo todo o Israel que Jeroboão tinha voltado**, enviaram, e o chamaram para a congregação, e **o fizeram rei sobre todo o Israel; e ninguém seguiu a casa de Davi senão somente a tribo de Judá**.
> 1 Rs 12:16-20 ACF

Inconformado com a divisão no Reino de Israel, Roboão reúne seu exército, os da Casa de Judá – Reino do Sul –, da qual a tribo de Benjamim também fazia parte. Eles eram aproximadamente 180 mil escolhidos, prontos para a guerra contra a Casa de Israel – Reino do Norte, as dez tribos –, com o objetivo de restaurar o reino por completo.

Todavia, Deus proíbe Roboão de lutar contra seus irmãos, lembrando-lhe que essa divisão acontecia mediante a Sua vontade.[4]

> [...] Porém, veio a palavra de Deus a Semaías, homem de Deus, dizendo: Fala a Roboão, filho de Salomão, rei de Judá, e a toda a casa de Judá, e a Benjamim, e ao restante do povo, dizendo: Assim diz o Senhor: Não subireis nem pelejareis contra vossos irmãos, os filhos de Israel; volte cada um para a sua casa, porque eu é que fiz esta obra. E ouviram a palavra do Senhor, e voltaram segundo a palavra do Senhor.
> 1 Rs 12:22-24 ACF

Essa divisão, que fazia parte dos planos de Deus, colocou um efraimita como líder das dez tribos do Norte – Casa de Israel –, e um judeu liderando as duas tribos do Sul – Casa de Judá. Dessa forma, por volta de 930 a.C., as 12 tribos de Israel foram divididas em dois grandes reinos.

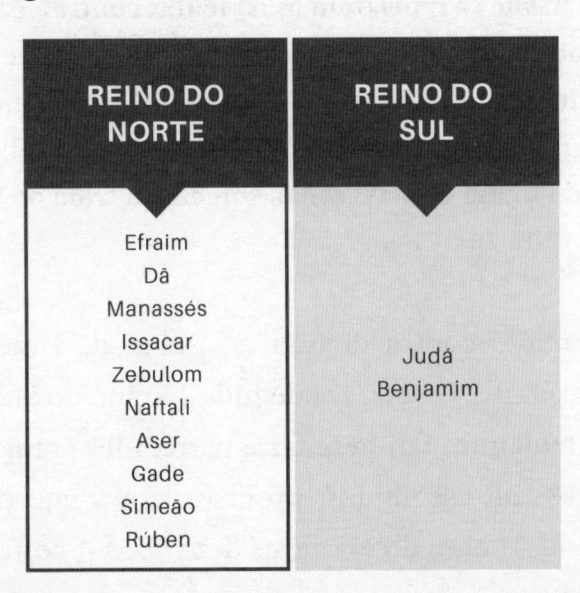

| REINO DO NORTE | REINO DO SUL |
|---|---|
| Efraim | |
| Dã | |
| Manassés | |
| Issacar | Judá |
| Zebulom | Benjamim |
| Naftali | |
| Aser | |
| Gade | |
| Simeão | |
| Rúben | |

---

4 1 Reis 12:24

## O REINO DO NORTE

Jeroboão, um efraimita, foi constituído rei do Reino do Norte, também chamado Casa de Israel[5], Casa de Efraim[6] ou Casa de José[7]. Esses são os três nomes mencionados na Bíblia para identificar o Reino do Norte, que ficou com dez tribos. Sua capital foi Samaria. Por isso, após a divisão, ficaram conhecidos também como samaritanos[8]. Justamente nesse período, inicia-se o conflito que, com o passar do tempo, se torna uma grande rivalidade entre judeus e samaritanos.

Mas por que as dez tribos do Norte são chamadas de Casa de Israel? E por que um efraimita governa sobre elas? Chegamos a essas respostas olhando para o que Deus já havia feito até aqui: Jacó, de quem Deus mudou o nome para Israel, adota os filhos de José, Efraim e Manassés, e os abençoa dando-lhes o direito de herdarem seu nome. Ao tornar-se primogênito, Efraim leva consigo a bênção profética. Assim, Jeroboão, de Efraim, lidera sobre as dez tribos do Norte, conhecidas como Casa de Israel.

## O REINO DO SUL

Roboão, um judeu, filho de Salomão, é estabelecido rei sobre o Reino do Sul, também conhecido como Casa de Judá. Ele governa sobre as tribos Judá e Benjamim e sua capital continua sendo Jerusalém. A partir dessa divisão, as Escrituras mostram que eles passam a ser chamados de judeus.

---

5   1 Reis 12:21, Jeremias 31:31
6   Oseias 4:17; 5:3; 7:1
7   1 Reis 11:28
8   Oseias 7:1; 8:5-6; 13:16

E por que as duas tribos do Sul são conhecidas como Casa de Judá?

Isso acontece pois Judá era filho de Jacó e Lia, e por causa de Davi, que pertencia também à tribo de Judá. Pela bênção profética, Judá recebeu a liderança sobre seus irmãos, que carregavam a profecia da vinda do Messias por meio de sua linhagem, a tribo de Judá.

Assim, vemos que Davi, Jesus e Paulo eram judeus; mas o apóstolo pertenceu à tribo de Benjamim. Uma ressalva: *judeu* é todo aquele que pertence à tribo de Judá, Benjamim ou à tribo de Levi Sacerdotal, ou ainda, aquele que segue o Judaísmo como religião. O povo das dez tribos restantes era conhecido como *israelita*.

## O QUE HOUVE COM ESSES REINOS?

### Reino do Norte

Após essa divisão, durante o reinado de Jeroboão, a Casa de Israel – dez tribos do Norte – começa a se envolver com a idolatria, abandonando a adoração ao Todo-Poderoso Deus de Israel.

> [...] E Jeroboão edificou a Siquém, no monte de Efraim, e habitou ali; e saiu dali, e edificou a Penuel. E disse Jeroboão no seu coração: Agora tornará o reino à casa de Davi. Se este povo subir para fazer sacrifícios na casa do SENHOR, em Jerusalém, o coração deste povo se tornará a seu senhor, a Roboão, rei de Judá; e me matarão, e tornarão a Roboão, rei de Judá. Assim o rei tomou conselho, e fez dois bezerros de ouro; e lhes disse: Muito trabalho vos será o subir a Jerusalém; vês aqui teus deuses, ó Israel, que te fizeram subir da terra do Egito. E pôs um em Betel, e colocou o outro em Dã. E este feito se tornou

em pecado; pois que o povo ia até Dã para adorar o bezerro. Também fez casa nos altos; e constituiu sacerdotes dos mais baixos do povo, que não eram dos filhos de Levi.
1 Rs 12:25-31 ACF

Nesse momento, a idolatria começa a tomar conta do coração de Jeroboão e de todo o Reino do Norte. Anteriormente, todas as festas e sacrifícios eram realizados em Jerusalém, capital do Reino do Sul – Casa de Judá. Jeroboão temia que os israelitas do Norte descessem a Judá para oferecer sacrifícios e, com isso, retornassem seu coração a Roboão, pois assim este governaria sobre todo o Reino de Israel – as 12 tribos – novamente.

Aos poucos, o coração de Jeroboão se distancia do Senhor. E, como resultado, o rei fez dois bezerros de ouro para que as tribos do Norte adorassem. Ele também constituiu sacerdotes que não eram da tribo de Levi. Ele estava tão longe do Senhor e em tamanha idolatria, que os levitas perderam suas funções nas dez tribos do Norte – Casa de Israel –, e voltaram ao Sul, para Judá.

> [...] Porque os levitas deixaram os seus arrabaldes, e a sua possessão, e vieram a Judá e a Jerusalém, porque Jeroboão e seus filhos os lançaram fora para que não ministrassem ao Senhor. E ele constituiu para si sacerdotes, para os altos, para os demônios, e para os bezerros, que fizeram. Depois desses também, de todas as tribos de Israel, os que deram o seu coração a buscarem ao Senhor Deus de Israel, vieram a Jerusalém, para oferecerem sacrifícios ao Senhor Deus de seus pais.
> 2 Cr 11:14-16 ACF

Alguns dos israelitas que estavam na Casa de Israel, ao presenciarem essa idolatria, retornam a Judá, já que não concordavam em adorar outro que não fosse o verdadeiro Deus de Israel. Porém, a maioria das dez tribos que estava com Jeroboão seguia seus comandos, e seus corações já estavam entregues e desviados a outros deuses.

Cada vez mais, a Casa de Israel – Reino do Norte – se afastava do Senhor. Eles não ouviam os avisos dos profetas que os chamavam ao arrependimento. Com isso, Deus avisa que castigará Seu povo mediante um inimigo que virá do Norte.

Os pecados de Israel trouxeram graves consequências: em 722 a.C., aproximadamente 200 anos após a divisão dos reinos, a Casa de Israel – dez tribos do Norte – foi tomada pelos assírios. Ao serem derrotados, os israelitas foram deportados para outras partes do Império Assírio, onde se misturaram com outros povos, perdendo sua identidade[9].

O rei da Assíria começa, então, a repovoar a região de Israel com outros povos de seu império, que mesclaram suas crenças pagãs com a adoração ao verdadeiro Deus[10]. Assim, surgem os samaritanos, cuja religião baseava-se no Pentateuco tal qual o Judaísmo, mas, exceto isso, eram religiões distintas.

Os assírios expandem seu território atacando toda a região em volta de Israel, incluindo Judá. Mas Ezequias, o rei de Judá, era temente a Deus, e enviou mensageiros ao profeta Isaías, que profetizou a libertação da cidade. E, durante uma noite, o Anjo do Senhor matou 185 mil homens no acampamento assírio, fazendo com que Senaqueribe, o rei da Assíria, voltasse para Nínive.

Nesse momento, os da Casa de Israel estavam espalhados entre os assírios. Com o decorrer dos anos, foram conquistados pelos Impérios Babilônico, Medo-Persa, Grego e Romano,

---

9   2 Reis 17:5-6
10  2 Reis 17:24; 2 Reis 17:32-33

até chegar o momento em que se espalharam por toda a Ásia e Europa, levando consigo o sangue da Casa de Israel.

O mundo então começa a ser colonizado a partir da Europa. E, com isso, a semente (*zerah*) da Casa de Israel – Reino do Norte – se espalha por toda a Terra, cumprindo as promessas de Deus feitas a Abraão, Isaque e Jacó: por intermédio de sua semente (*zerah*), todas as famílias da Terra seriam abençoadas.

É nesse momento da história que surge a definição "dez tribos perdidas de Israel".

**Reino do Sul**
Seus reis demonstraram um maior comprometimento com a vontade do Senhor. A adoração permaneceu centralizada no Templo em Jerusalém, como nos dias de Davi e Salomão. Eles também passaram por muitas guerras e dificuldades, mas em quase todas saíram vitoriosos.

Em determinado momento da história, eles se tornaram idólatras e foram advertidos repetidamente, por intermédio de profetas, sobre o juízo que viria por causa de seus pecados.

O Reino do Sul sobreviveu cerca de 200 anos a mais que o Reino do Norte, até a temível guerra contra o Império Babilônico, em que foram derrotados e levados cativos por 70 anos, conforme está registrado em Jeremias 25:1-11. Isso ocorre, aproximadamente, em 586 a.C.

Após 70 anos de exílio, um grupo remanescente da Casa de Judá retorna a Jerusalém. Ressalte-se que, diferentemente do Reino do Norte – Casa de Israel –, os da Casa de Judá nunca abandonaram sua identidade. Após recuperarem a liberdade, passaram a ser tratados também como judeus, e assim seguem até os dias de hoje.

[...] Estes são os filhos da província, que subiram do cativeiro, dentre os exilados, que Nabucodonosor, rei de babilônia, tinha transportado a babilônia, e tornaram a Jerusalém e a Judá, cada um para a sua cidade; [...] E os profetas Ageu e Zacarias, filho de Ido, profetizaram aos judeus que estavam em Judá, e em Jerusalém; em nome do Deus de Israel lhes profetizaram.
Ed 2:1; 5:1 ACF

[...] As palavras de Neemias, filho de Hacalias. E sucedeu no mês de Quislev, no ano vigésimo, estando eu em Susã, a fortaleza, que veio Hanani, um de meus irmãos, ele e alguns de Judá; e perguntei-lhes pelos judeus que escaparam, e que restaram do cativeiro, e acerca de Jerusalém.
Ne 1:1-2 ACF

Após sua chegada a Jerusalém, o povo judeu reconstrói, no mesmo local onde existia o templo de Salomão, um segundo templo. Anos se passam, o Império Romano os coloca em cativeiro e, a partir de então, o Reino do Sul – Casa de Judá – passa a ser levado cativo pelas nações do mundo.

Apesar desse cativeiro mundial, o Reino do Sul é conhecido como povo judeu até os dias de hoje.

### Casa de Efraim

No entanto, como sabemos, a Casa de Israel – Reino do Norte –, teve seu povo levado cativo pela Assíria e espalhado entre diferentes povos, se misturando com os gentios e, assim, perdendo sua identidade. Isso revela cumprida a profecia de Gênesis 48:19b, de que sua descendência seria a plenitude dos gentios.

## QUEM SÃO OS JUDEUS E QUEM SÃO OS ISRAELITAS?

- **Os israelitas** são os descendentes de Jacó (Israel), ou seja, as 12 tribos. Conforme vimos, eles foram divididos em dois grupos, Reino do Norte – Casa de Israel –, e Reino do Sul – Casa de Judá.

- **Os judeus** são os descendentes da tribo de Judá – Reino do Sul –, constituído por Judá, Benjamim e Levi.

Biblicamente, os do Reino do Norte não são chamados de *judeus*, pois não pertencem à Casa de Judá. Em vez disso, a Bíblia os identifica como *israelitas*. Logo, todos os judeus são israelitas, pois são parte das 12 tribos. Porém, nem todos os israelitas (os do Reino do Norte) são judeus.

# REINO DIVIDIDO

## REINO DO NORTE
### CASA DE ISRAEL

**ELIAS**
875-848 a.C.

**ELISEU**
848-797 a.C.

**JONAS**
785-775 a.C.

**AMÓS**
760-750 a.C.

**OSEIAS**
750-715 a.C.

722 a.C. - ISRAEL É CONQUISTADO PELA ASSÍRIA

DIVISÃO DO REINO

## REINO DO SUL
### CASA DE JUDÁ

**OBADIAS**
841-831 a.C.

**JOEL**
835-796 a.C.

**ISAÍAS**
740-681 a.C.

**MIQUEIAS**
735-700 a.C.

931 a.C.
900 a.C.
800 a.C.
722 a.C.
700 a.C.

# OS PROFETAS

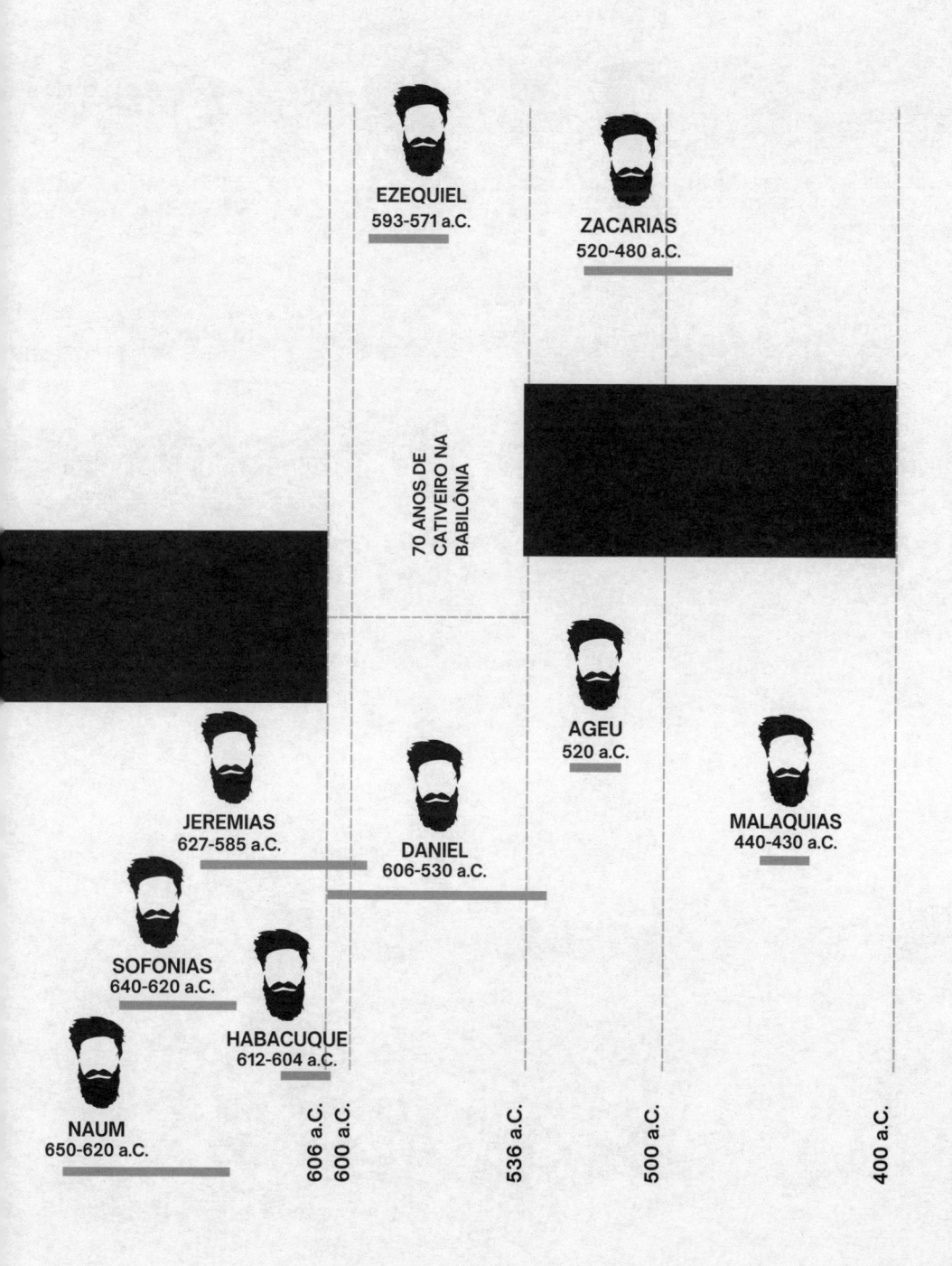

**EZEQUIEL**
593-571 a.C.

**ZACARIAS**
520-480 a.C.

70 ANOS DE CATIVEIRO NA BABILÔNIA

**AGEU**
520 a.C.

**JEREMIAS**
627-585 a.C.

**DANIEL**
606-530 a.C.

**MALAQUIAS**
440-430 a.C.

**SOFONIAS**
640-620 a.C.

**HABACUQUE**
612-604 a.C.

**NAUM**
650-620 a.C.

606 a.C.
600 a.C.
536 a.C.
500 a.C.
400 a.C.

05

# Josué e Calebe:
## A Conquista de Canaã

Alguns costumam dizer que Moisés foi o libertador de Israel; prefiro descrevê-lo como aquele que liderou Israel, conduzindo o povo da escravidão do Egito até a terra prometida. O Libertador ou Salvador é Cristo!

Durante sua jornada, Moisés tinha consigo homens que o serviam e ajudavam, e um deles se chamava Josué, filho de Num. Antes de sua morte, Moisés tem um encontro com o povo de Israel, que estava prestes a atravessar o Rio Jordão para entrar na terra prometida.

Em Deuteronômio 28:1-14, o Senhor exorta Seu povo acerca das bênçãos que viriam sobre todos se fossem obedientes à Sua voz. Porém, dos versículos 15 a 68, vemos o castigo destinado a eles, caso andassem em desobediência.

> [...] Será, porém, que, se não deres ouvidos à voz do Senhor teu Deus, para não cuidares em cumprir todos os seus mandamentos e os seus estatutos, que hoje te ordeno, então virão sobre ti todas estas maldições, e te alcançarão:
> Dt 28:15 ACF

Deus está instruindo os israelitas a seguirem Seus mandamentos, e Ele mesmo já está avisando que, ao se desviarem do que foi ordenado, maldições viriam sobre eles.

> [...] **E ficareis poucos em número, em lugar de haverem sido como as estrelas dos céus em multidão**; porquanto **não destes ouvidos à voz do Senhor teu Deus**. E será que, assim como o Senhor se deleitava em vós, em fazer-vos bem e multiplicar-vos, **assim o Senhor se deleitará em destruir-vos e consumir-vos**; e desarraigados sereis da terra a qual passais a possuir. E **o Senhor vos espalhará entre todos os povos, desde uma extremidade da terra até à outra; e ali servireis a outros deuses que não conheceste**, nem tu nem teus pais; ao pau e à pedra.
> Dt 28:62-64 ACF

Note que uma das maldições pela desobediência seria a de que ficariam em pouco número, e não seriam mais "como as estrelas do céu". Essa foi a parte da maldição que ficou sobre a Casa de Judá. Algo lastimável acontece aqui: a desobediência foi tamanha a ponto de Deus perder a alegria com Seu povo. Ele chega a dizer que se alegraria em vê-los sendo destruídos e perecendo! Que infortúnio! Acredito que uma das coisas mais dolorosas para aqueles que amam o Senhor seria um dia ouvir isso.

E outra parte da maldição é descrita: Deus os espalharia entre as nações e, assim, passariam a servir outros deuses; essa parte ficou sobre a Casa de Efraim. É importante observarmos que o Senhor já os alertava sobre a desobediência e a maldição bem antes da divisão do reino.

No entanto, quando o povo de Israel está prestes a entrar na terra prometida, o Senhor faz novas promessas de misericórdia:

[...] E será que, sobrevindo-te todas estas coisas, a bênção ou a maldição, que tenho posto diante de ti, **e te recordares delas entre todas as nações, para onde te lançar o SENHOR teu Deus, e te converteres ao Senhor teu Deus, e deres ouvidos à sua voz**, conforme a tudo o que eu te ordeno hoje, tu e teus filhos, **com todo o teu coração, e com toda a tua alma, então o Senhor teu Deus** te fará voltar do teu cativeiro, e **se compadecerá de ti, e tornará a ajuntar-te dentre todas as nações entre as quais te espalhou o Senhor teu Deus**. Ainda que os teus desterrados estejam na extremidade do céu, desde ali te ajuntará o Senhor teu Deus, e te tomará dali; e o Senhor teu Deus te trará à terra que teus pais possuíram, e a possuirás; e te fará bem, e **te multiplicará mais do que a teus pais**.
Dt 30:1-5 ACF

Espero que seu coração esteja queimando assim como o meu ao ler essa passagem, e transbordando de alegria e esperança em ver que sou amado por um Deus tão cheio de graça e misericórdia, que desde o Antigo Testamento já anunciava a divisão do reino, a Nova Aliança que viria através de Cristo e o retorno de Efraim e Judá.

Agora, vamos nos aprofundar para entendermos o retrato espiritual de um paralelo que se deu entre Israel, Josué e Jesus.

Você lembra onde Israel teve seu início? Vamos lá!

Israel se inicia com Abraão na terra de Canaã. Com o passar do tempo, Israel é levado cativo ao Egito, onde todos são escravizados por 400 a 430 anos, surgindo então Moisés, que é usado por Deus para conduzi-los novamente à terra prometida. E onde seria essa terra? Isso mesmo! A terra prometida era Canaã. Incrível, não é? Israel teve início em Canaã e seu destino final foi, também, Canaã. E, da mesma maneira que aconteceu com Israel, sobrevirá com o povo de Deus.

O homem teve seu início no Jardim do Éden (representado por Canaã). Após o pecado, nos tornamos escravos (Egito). Então, o sangue de Cristo (Páscoa) nos liberta da transgressão (Egito). E como Israel foi liberto do Egito? Pelo sangue do Cordeiro nos umbrais das portas (Páscoa).

Após a libertação do Egito, o povo é conduzido ao deserto com a expectativa de chegar à terra prometida em 40 dias. No entanto, devido à desobediência, esses 40 dias se estenderam por 40 anos. E você lembra quem foi o escolhido para introduzir o povo em Canaã? Se sua resposta é Moisés, ela está errada. O escolhido foi Josué! Seu nome, em hebraico, significa *Yahushua*, o mesmo nome usado por Jesus. Veja quanta revelação há nisso!

Continue acompanhando: quantos dias Jesus ficou no deserto antes de iniciar Seu ministério? Isso mesmo! 40 dias. Agora, você deve estar pensando: "Mas Israel ficou por 40 anos". Sim. O povo ficou por 40 anos porque desobedeceu a Deus, pois como já sabemos, o tempo planejado era 40 dias.

Se ainda há algum espaço para dúvidas em seu coração, lembre-se: para Deus nada acontece por acaso. Nem uma folha sequer cai de uma árvore, se não for da Sua vontade.

> [...] **Lembrem-se das coisas passadas, das coisas muito antigas!** Eu sou Deus, e não há nenhum outro; eu sou Deus, e não há nenhum como eu. **Desde o início faço conhecido o fim, desde tempos remotos, o que ainda virá.** Digo: **Meu propósito permanecerá em pé, e farei tudo o que me agrada.**
> Is 46:9-10 NVI

Isso é tremendo! Não há outro Deus, e nem outro semelhante a Ele, o qual anuncia o fim desde o princípio. Atente-se a algo que acontece com o povo antes de entrar na terra prometida, que já anuncia sobre os tempos futuros.

Antes de entrarem na terra prometida, Deus fala com Moisés pedindo que o povo escolhesse um representante de cada tribo, isto é, 12 representantes, os quais seriam enviados para espionar a terra.

> [...] E falou o SENHOR a Moisés, dizendo: Envia homens que espiem a terra de Canaã, que eu hei de dar aos filhos de Israel; de cada tribo de seus pais enviareis um homem, sendo cada um príncipe entre eles. E enviou-os Moisés do deserto de Parã, segundo a ordem do Senhor; todos aqueles homens eram cabeças dos filhos de Israel. E estes são os seus nomes:
> Da tribo de Rúben, Samua, filho de Zacur;
> Da tribo de Simeão, Safate, filho de Hori;
> **Da tribo de Judá, Calebe, filho de Jefoné;**
> Da tribo de Issacar, Jigeal, filho de José;
> **Da tribo de Efraim, Oseias, filho de Num;**
> Da tribo de Benjamim, Palti, filho de Rafu;
> Da tribo de Zebulom, Gadiel, filho de Sodi;
> Da tribo de José, pela tribo de Manassés, Gadi filho de Susi;
> Da tribo de Dã, Amiel, filho de Gemali;
> Da tribo de Aser, Setur, filho de Micael;
> Da tribo de Naftali, Nabi, filho de Vofsi;
> Da tribo de Gade, Geuel, filho de Maqui.
> Estes são os nomes dos homens que Moisés enviou a espiar aquela terra; e a **Oseias, filho de Num, Moisés chamou Josué.**
> Nm 13:1-16 ACF

Esses foram, então, os representantes de cada tribo. Observe que a tribo de Judá enviou Calebe, e a de Efraim, Oseias. Veja que Deus muda o nome de Oseias (*Hôshea*, que significa *"Salvação"*) para Josué *(Yehoshua* ou *Yeshua*, que significa *"Javé salva"*, ou *"O Senhor é salvação"*).

> [...] E eles voltaram de espiar a terra, ao fim de quarenta dias. E caminharam, e vieram a Moisés e a Arão, e a toda a congregação dos filhos de Israel no deserto de Parã, em Cades; e deram-lhes notícias, a eles, e a toda a congregação, e mostraram-lhes o fruto da terra. **E contaram-lhe, e disseram: Fomos à terra a que nos enviaste; e verdadeiramente mana leite e mel, e este é o seu fruto. O povo, porém, que habita nessa terra é poderoso, e as cidades fortificadas e mui grandes;** e também ali vimos os filhos de Anaque. Os amalequitas habitam na terra do sul; e os heteus, e os jebuseus, e os amorreus habitam na montanha; e os cananeus habitam junto do mar, e pela margem do Jordão. **Então Calebe fez calar o povo perante Moisés, e disse: Certamente subiremos e a possuiremos em herança; porque seguramente prevaleceremos contra ela.** Porém, os homens que com ele subiram disseram: **Não poderemos subir contra aquele povo, porque é mais forte do que nós. E infamaram a terra que tinham espiado, dizendo aos filhos de Israel: A terra, pela qual passamos a espiá-la, é terra que consome os seus moradores; e todo o povo que vimos nela são homens de grande estatura.** Também vimos ali gigantes, filhos de Anaque, descendentes dos gigantes; e éramos aos nossos olhos como gafanhotos, e assim também éramos aos seus olhos.
> Nm 13:25-33 ACF

Dos 12 que foram espiar a terra, apenas Josué *(Efraim)* e Calebe *(Judá)* acreditavam que poderiam derrotar aquele povo, e que Deus os faria herdar aquele lugar.

> [...] E por que o Senhor nos traz a esta terra, para cairmos à espada, e para que nossas mulheres e nossas crianças sejam por presa? Não nos seria melhor voltarmos ao Egito? E diziam uns aos outros: Constituamos um líder, e voltemos ao Egito. Então Moisés e Arão caíram sobre os seus rostos perante toda a congregação dos filhos de Israel. E Josué, filho de Num, e Calebe filho de Jefoné, dos que

espiaram a terra, rasgaram as suas vestes. E falaram a toda a congregação dos filhos de Israel, dizendo: A terra pela qual passamos a espiar é terra muito boa. Se o Senhor se agradar de nós, então nos porá nesta terra, e nos a dará; terra que mana leite e mel.
Nm 14:3-8 ACF

Após tantos milagres e bênçãos presenciados pelo povo, desde sua saída do Egito até a fronteira da terra prometida, é quase inacreditável que, ainda assim, eles continuariam murmurando e com medo. Mas, infelizmente, essa foi a reação. Todos estavam tomados pelo medo, chegando ao ponto de considerar voltar para o Egito, com exceção de Josué e Calebe. É interessante lembrarmos que, de todos os israelitas que deixaram o Egito, apenas Josué e Calebe foram capazes de entrar na terra prometida; o restante do povo adulto foi morto durante sua passagem pelo deserto.

Josué (de Efraim) e Calebe (de Judá), ao verem o povo novamente murmurando, rasgam suas vestes e os confrontam, pois eles acreditavam nas promessas que Deus havia feito.

Como está escrito em Isaías 46:10, são inúmeras revelações. Veja comigo Deus nos mostrando, no passado, eventos proféticos que estariam por vir.

Aqui, estamos vendo Efraim (Josué) e Judá (Calebe) sendo introduzidos na terra prometida (Nova Jerusalém). Observe que, dentre os 12 escolhidos, apenas dois, Josué (Efraim) e Calebe (Judá) são testemunhas fiéis de Deus, obedecendo-O e acreditando em Suas palavras.

E para que essa "coincidência" fique ainda mais evidente: quem foi o responsável por conduzir o povo para possuir a terra prometida?

[...] Ouvindo, pois, o Senhor a voz das vossas palavras, indignou-se, e jurou, dizendo: **Nenhum dos homens desta maligna geração**

> verá esta boa terra que jurei dar a vossos pais. **Salvo Calebe, filho de Jefoné;** ele a verá, e a terra que pisou darei a ele e a seus filhos; porquanto perseverou em seguir ao Senhor. Também o Senhor se indignou contra mim por causa de vós, dizendo: Também tu lá não entrarás. **Josué, filho de Num, que está diante de ti, ele ali entrará; fortalece-o, porque ele a fará herdar a Israel.**
> Dt 1:34-38 ACF

Examine comigo:

- **Calebe** *("Cão, homem de faro ou homem de violência")*, isso nos remete a Mateus 11:12, que diz: "O Reino dos Céus é tomado por esforço, e somente os **violentos** se apoderam dele". E como Calebe teria que tomar a terra prometida?

- **Josué** *(Yehoshua)*, aquele que tem o mesmo nome de Jesus, nos levará para a nova Jerusalém. E, dessa forma, se cumprirá os tabernáculos (*Sucot*).

> [...] E chamou **Moisés a Josué**, e lhe disse aos olhos de todo o Israel: Esforça-te e anima-te; porque com este povo entrarás na terra que o Senhor jurou a teus pais lhes dar; e **tu os farás herdá-la. O Senhor, pois, é aquele que vai adiante de ti; ele será contigo, não te deixará, nem te desamparará; não temas, nem te espantes.**
> Dt 31:7-8 ACF

Assim, por intermédio de *Yehoshua*, Efraim e Judá finalmente conquistaram o território e receberam como herança a tão aguardada terra prometida.

06

# As Ovelhas Perdidas de Israel

### PARA QUEM JESUS VEIO?
### OS PROFETAS E AS DUAS CASAS DE ISRAEL

[...] **O Senhor advertiu Israel e Judá por meio de todos os profetas** e de todos os videntes, dizendo: "**Voltem-se dos seus maus caminhos e guardem os meus mandamentos e os meus estatutos**, segundo toda a Lei que ordenei aos pais de vocês e que lhes enviei por meio dos meus servos, os profetas." **Porém eles não quiseram ouvir; se tornaram** obstinados e foram teimosos como os seus pais, que não creram no Senhor, seu Deus. **Rejeitaram os estatutos e a aliança que Deus tinha feito com os pais deles**, e desprezaram as suas advertências. **Seguiram os ídolos sem valor, e assim eles mesmos se tornaram sem valor**. Seguiram as nações que estavam ao redor deles, das quais o Senhor lhes havia ordenado que não as imitassem
2 Rs 17:13-15 NAA

Durante o período de 931 a.C. até 586 a.C., Deus usou os profetas para advertir aos da Casa de Israel e da Casa de Judá para que retornassem aos Seus caminhos. Mesmo sendo um tempo bastante desafiador, Deus permaneceu com Seu reino inabalável, preservando a palavra e a aliança que fizera com Seus escolhidos.

Para entendermos os profetas, suas exortações e profecias, é necessário entendermos a quem eles estão dirigindo suas palavras, pois houve ocasiões em que a exortação era especificamente para a Casa de Israel (Efraim), outras para a Casa de Judá, e houve também momentos em que eram palavras direcionadas às duas Casas de Israel simultaneamente.

Ao compreendermos a dinâmica das duas Casas de Israel, tudo se torna mais claro, especialmente os profetas e suas exortações. É de extrema importância sabermos interpretar as Escrituras corretamente. Precisamos ter em mente que tudo o que foi escrito no Novo Testamento tem como base o Antigo; isto é, o que foi falado pelos discípulos e apóstolos, e até mesmo por Jesus, estava conectado às palavras e profecias previamente reveladas por Deus no Antigo Testamento.

A partir desse princípio, podemos perceber quantas revelações e preciosidades estavam bem à nossa frente e, talvez, tenham passado despercebidas. Meu desejo é que juntos possamos desfrutar dos oráculos do Pai e comer do maná escondido.

Agora, vamos começar a examinar o Novo Testamento comparando-o com os profetas e profecias do Antigo Testamento. Espero que isso lhe abra o entendimento e faça ainda mais sentido para você.

É importante destacar que nenhum outro povo é chamado de "ovelha" além do povo de Israel.

As duas Casas de Israel são as 12 tribos: dez tribos do Norte – conhecidas como Casa de Israel (Efraim), e duas tribos do Sul – também chamadas Casa de Judá. Sendo assim, a **Casa de Judá também é chamada de Casa de Israel**.

Com essa compreensão em mente, vamos às Escrituras:

## AS OVELHAS PERDIDAS DE ISRAEL

> [...] "Eu lhes asseguro que aquele que não entra no aprisco das ovelhas pela porta, mas sobe por outro lugar, é ladrão e assaltante. **Aquele que entra pela porta é o pastor das ovelhas. O porteiro abre-lhe a porta, e as ovelhas ouvem a sua voz. Ele chama as suas ovelhas pelo nome e as leva para fora. Depois de conduzir para fora todas as suas ovelhas, vai adiante delas, e estas o seguem, porque conhecem a sua voz.** Mas nunca seguirão um estranho; na verdade, fugirão dele, porque não reconhecem a voz de estranhos". Jesus usou essa comparação, mas eles não compreenderam o que lhes estava falando. **Então Jesus afirmou de novo: "Digo a verdade: Eu sou a porta das ovelhas".**
> Jo 10:1-7 NVI

Jesus declara que Ele é a porta das ovelhas e aquele que não entra por essa porta é ladrão (acredito que você já saiba quem é o ladrão). Mas a grande pergunta é: quem seriam essas ovelhas que ouvem a voz do seu Pastor?

> [...] **Cordeiro desgarrado é Israel; os leões o afugentaram; o primeiro a devorá-lo foi o rei da Assíria; por último Nabucodonosor, rei de babilônia**, lhe quebrou os ossos.
> Jr 50:17 ACF

Agora, entendemos que **as ovelhas desgarradas são Israel**. Mas esse Israel refere-se a Jacó, às 12 tribos, à Casa de Israel (Efraim), à Casa de Judá ou ao povo judeu? Tudo se esclarece ao lermos: "O primeiro a devorá-lo foi o rei da Assíria"; esta passagem nos traz revelação sobre isso.

Conforme já vimos, em 722 a.C., o reino da Casa de Israel (Efraim) foi aprisionado pela Assíria e, em 586 a.C., a Casa de Judá foi levada cativa pela Babilônia do temível Nabucodonosor.

Com isso, a Bíblia nos mostra que **as ovelhas desgarradas de Israel são as duas Casas de Israel, Efraim e Judá**. Veja o que Jesus diz:

> [...] **Eu sou a porta.** Se alguém entrar por mim, será salvo; entrará, e sairá, e achará pastagem. O ladrão vem somente para roubar, matar e destruir; eu vim para que tenham vida e a tenham em abundância. **Eu sou o bom pastor. O bom pastor dá a vida pelas ovelhas.**
> Jo 10:9-11 ARA

Mais à frente, Ele continua:

> [...] **Eu sou o bom pastor; conheço as minhas ovelhas, e elas me conhecem a mim**, assim como o Pai me conhece a mim, e eu conheço o Pai; **e dou a minha vida pelas ovelhas.**
> **Ainda tenho outras ovelhas, não deste aprisco; a mim me convém conduzi-las; elas ouvirão a minha voz; então, haverá um rebanho e um pastor.**
> Jo 10:14-16 ARA

Jesus afirma que Ele é a porta e também o bom pastor que conhece Suas ovelhas (Efraim e Judá), e que elas (Efraim e Judá) o conhecem. E esse versículo fica cada vez mais incrível, até o ponto em que Ele fala: "Eu dou a vida pelas minhas ovelhas".

Além de conhecer Suas ovelhas, Jesus se deixa ser conhecido e entrega Sua vida para que elas possam viver. Repare que Ele menciona ter ovelhas que não são daquele pasto. Que ovelhas são essas? E que pasto é esse?

Neste momento específico, Jesus estava falando com judeus e alguns fariseus, ou seja: numa conversa com as ovelhas da Casa de Judá, Ele enfatizou que havia outras que não eram daquele aprisco (de Judá). Então, quem eram? Agora ficou fácil de entendermos! Jesus se referia à Casa de Israel (Efraim), pois esse povo estava disperso.

Jesus mencionou duas ovelhas que Ele veio para salvar, afirmando que uma não estava em Judá. E finalizou dizendo que irá conduzir a ovelha perdida, para que, por intermédio dessas duas (Efraim e Casa de Judá), possa existir um único rebanho novamente: a Israel Reunificada em Cristo.

Como sabemos, tudo o que está escrito no Novo Testamento tem como base o Antigo. Veja a base do ensinamento dado por Jesus naquela ocasião:

> [...] **Vou de fato ajuntar todos vocês, ó Jacó**; sim, **vou reunir o remanescente de Israel. Eu os ajuntarei como ovelhas num aprisco, como um rebanho numa pastagem; haverá ruído de grande multidão**. Aquele que abre o caminho irá adiante deles; **passarão pela porta e sairão**. O rei deles, o Senhor, os guiará.
> Mq 2:12-13 NVI

> [...] **E eu mesmo recolherei o restante das minhas ovelhas, de todas as terras para onde as tiver afugentado, e as farei voltar aos seus apriscos;** e <u>**frutificarão, e se multiplicarão**</u>. E levantarei sobre elas pastores que as apascentem, e nunca mais temerão, nem se assombrarão, e nem uma delas faltará, diz o Senhor. **Eis que vêm dias, diz o Senhor, em que levantarei a Davi um Renovo justo; e, sendo rei, reinará e agirá sabiamente, e praticará o juízo e a justiça na Terra. Nos seus dias Judá será salvo,**

> e **Israel habitará seguro;** e este será o seu nome, com o qual Deus o chamará: **O SENHOR, JUSTIÇA NOSSA.**
> Jr 23:3-6 ARA

Tanto em Miqueias como em Jeremias, a Bíblia expõe a base das afirmações de Jesus em sua mensagem. Lembre-se de que Jesus é a manifestação de tudo o que está escrito no Antigo Testamento. Observe algo importante: além das ovelhas dispersas que Jesus fará voltar aos apriscos, Ele trará de volta o restante de Israel, que é como uma multidão de homens, para que possam frutificar e multiplicar. Isso é maravilhoso!

> [...] Portanto, dize: **Assim diz o Senhor DEUS: Ainda que os lancei para longe entre os gentios, e ainda que os espalhei pelas terras, todavia lhes serei como um pequeno santuário, nas terras para onde forem.** Portanto, dize: Assim diz o Senhor DEUS: **Hei de ajuntar-vos do meio dos povos, e vos recolherei das terras para onde fostes lançados, e vos darei a terra de Israel.** E virão ali, e tirarão dela todas as suas coisas detestáveis e todas as suas abominações. **E lhes darei um só coração, e um espírito novo porei dentro deles; e tirarei da sua carne o coração de pedra, e lhes darei um coração de carne;** Para que andem nos meus estatutos, e guardem os meus juízos, e os cumpram; **e eles me serão por povo, e eu lhes serei por Deus.**
> Ez 11:16-20 ACF

Sim, foi Deus quem espalhou Seu povo entre as nações, e isso não foi um acidente, mas o cumprimento da profecia envolvendo Abraão, Isaque, Jacó e Efraim. Agora, Ele fala que irá novamente reunir esse povo a fim de lhes entregar Israel. Mais uma vez, notamos a promessa de reunificação do Seu povo.

Ezequiel 34 é um capítulo maravilhoso, em que você pode ver ainda mais dessa profecia contra o pastor infiel e Israel, e sobre o Pastor fiel que irá trazer Suas ovelhas para o pasto novamente:

> [...] Para você, é muito pouco ser o meu servo **para restaurar as tribos de Jacó e trazer de volta o remanescente de Israel. Farei também com que você seja uma luz para os gentios**, para que você seja a minha salvação até os confins da terra.
> Is 49:6 NAA

Acredito que a Bíblia tenha evidenciado claramente que as ovelhas são Israel, Efraim e Judá, e que Jesus vai reuni-las e trazê-las de volta aos seus apriscos. Gente, isso é incrível!

> [...] Como o pastor busca o seu rebanho, no dia em que está no meio das suas **ovelhas dispersas, assim buscarei as minhas ovelhas; e livrá-las-ei de todos os lugares por onde andam espalhadas,** no dia nublado e de escuridão. E **tirá-las-ei dos povos, e as congregarei dos países, e as trarei à sua própria terra,** e as apascentarei nos montes de Israel, junto aos rios, e em todas as habitações da Terra.
> Ez 34:12-13 ACF

> [...] **E suscitarei sobre elas um só** pastor, e ele as apascentará; o meu servo Davi é que as apascentará; ele lhes servirá de pastor. E eu, o Senhor, lhes serei por Deus, e o meu servo Davi será príncipe no meio delas; eu, o Senhor, o disse. **E farei com elas uma aliança de paz, e acabarei com as feras da terra, e habitarão em segurança no deserto,** e dormirão nos bosques. E delas e dos lugares ao redor do meu outeiro, farei uma bênção; **e farei descer a chuva a seu tempo; chuvas de bênção serão**.
> Ez 34:23-26 ACF

Aqui, chegamos ao pleno entendimento de que Jesus é a Porta e também o bom Pastor que reunificará Suas duas ovelhas perdidas, Efraim (gentios) e Judá (judeus e aqueles que professam o Judaísmo).

A Casa de Judá, que foi levada cativa, se misturou às culturas de outros povos e se deixou influenciar pela adoração a outros deuses, dentre tantas outras práticas. No entanto, sempre houve um povo dentro do povo – os remanescentes – e por seu intermédio o Messias veio à Terra para cumprir um propósito:

> [...] **O Filho do homem veio para salvar o que se havia perdido.** "O que acham vocês? Se alguém possui cem ovelhas, e uma delas se perde, não deixará as noventa e nove nos montes, indo procurar a que se perdeu?
> Mt 18:11-12 NVI

> [...] Mas Jesus respondeu: Não **fui enviado senão às ovelhas perdidas da casa de Israel**.
> Mt 15:24 ARA

> [...] Porque **o Filho do homem veio buscar e salvar o que se havia perdido**.
> Lc 19:10 ACF

Cristo veio buscar o que estava perdido – as "ovelhas perdidas": as duas Casas de Israel, Efraim e Judá. Efraim, que foi levada cativa pela Assíria e nunca mais voltou a ser um povo, que foi dispersa dentre as nações, se misturando com os gentios. E, com o passar dos anos, tornou-se a plenitude dos gentios a que Paulo se refere em Romanos 11, assim, cumprindo a promessa descrita em Gênesis 48[11]. E a Casa de Judá – os judeus que aceitarem Jesus como seu Salvador.

---

11  Sua descendência (semente) será uma multidão (plenitude) de nações (gentios)

Com isso em mente, vamos olhar atentamente para João:

> [...] Aquele que é **a Palavra estava no mundo**, e o mundo foi feito por intermédio dele, **mas o mundo não o reconheceu. Veio para o que era seu, mas os seus não o receberam**. Contudo, **aos que o receberam, aos que creram em seu nome, deu-lhes o direito de se tornarem filhos de Deus, os quais não nasceram por descendência natural, nem pela vontade da carne nem pela vontade de algum homem, mas nasceram de Deus**.
> Jo 1:10-13 NVI

A palavra (Jesus) estava no mundo (povos), mas o mundo (povos) não reconheceu que Ele era o Cristo, o Messias que veio para reunificar a humanidade perdida.

Jesus veio para os judeus, visto que eles são também a Casa de Israel, porém, não O receberam (reconheceram). Mas a todos que O receberam (judeus e gentios) "deu-lhes o direito de se tornarem filhos de Deus, ou seja, os quem creem no Seu nome; os quais não **nasceram por descendência natural**, nem da vontade **da carne**, nem da vontade **do homem**"; ou os que não são descendentes da tribo de Judá (judeus). Mas a todos que o receberem, Ele dará direito (poder) de serem filhos de Deus, sendo esses a reunificação de Israel: Efraim (gentios) e Judá (judeus).

O plano de Deus não se limita apenas aos gentios e judeus, mas envolve uma reunificação de ambos os povos. Em Jesus, é iniciado um processo de restauração das duas Casas de Israel, que será concluído no fim dos tempos. Tendo, então, um único Israel, "Efraim (gentios) e judeus" unidos novamente, sendo o Seu povo de propriedade peculiar.

É muito importante compreendermos que atualmente nos encontramos no meio desse processo. Talvez, você se questione a respeito de sua função e acerca do que deve fazer. Jesus instruiu desta forma Seus discípulos:

> [...] A **estes doze enviou Jesus**, dando-lhes as seguintes instruções: **Não tomeis rumo aos gentios**, **nem entreis em cidade de samaritanos**; mas, de preferência, **procurai as ovelhas perdidas da casa de Israel**.
> Mt 10:5-6 ARA

É possível que você ainda não esteja entendendo o que Jesus ordenou e, até mesmo, que isso não faça total sentido para você, tendo em vista que Jesus fala para Seus discípulos não irem até os gentios, e nem entrarem nas cidades de samaritanos (samaritanos = Efraim = gentios). Mas o que isso significa? Será que o Evangelho não é para os gentios? Como discípulos, não devemos pregar para gentios?

Absolutamente, sim! O Evangelho é, também, para os gentios. Recorde a passagem de João vista anteriormente. Quando Jesus veio a este mundo, era necessário que iniciasse Seu ministério pregando para o povo que havia restado, para um remanescente: a Casa de Judá (judeus), uma vez que os da Casa de Israel (Efraim) estavam dispersos entre as nações. Lembre-se: Jesus trabalha com ordens e princípios. Ele deveria vir da descendência de Davi, isto é, de judeus (Casa de Judá), e começar a pregar o Evangelho nesta ordem. Em outras palavras, quando Jesus estava na Terra, Suas primícias seriam pregar para os remanescentes.

Isso não significa que Jesus tenha deixado de pregar para os gentios (os povos restantes). É possível ler, em João 4:1-42, Sua pregação para vários samaritanos; e muitos deles criam em

Jesus. Porém, Ele segue princípios: a pregação do Evangelho começa pelos de Sua casa (Seu povo), os remanescentes (judeus). É o momento em que podemos ver que muitos dos Seus (judeus) não creram nEle. Por outro lado, os gentios o receberam como o Messias enviado por Deus.

Veja: Jesus instruiu Seus discípulos a pregarem, primeiramente, para os Seus (judeus), tanto é que essa instrução dada em Mateus 10:5-6 é mudada quando Jesus faz a Grande Comissão:

> [...] Então, **Jesus aproximou-se deles e disse**: "Foi-me dada toda a autoridade no céu e na terra. Portanto, **vão e façam discípulos de todas as nações**, batizando os em nome do Pai e do Filho e do Espírito Santo, ensinando-os a obedecer a tudo o que eu lhes ordenei. E eu estarei sempre com vocês, até o fim dos tempos".
> Mt 28:18-20 NVI

Por que o Messias modifica Suas instruções para a Grande Comissão, dizendo aos Seus discípulos para irem a todas as nações? A resposta é simples: porque eles já haviam entendido que, primeiramente, o Evangelho havia de ser pregado para as primícias (os remanescentes – judeus). E, quando Jesus ressuscita, a Grande Comissão se estende para os gentios, uma vez que tanto Jesus quanto Seus discípulos já haviam pregado aos remanescentes (judeus), mas muitos deles não O receberam. Assim, todos os que O receberem serão filhos (gentios – Efraim) João 1:12.

Isso é afirmado em Marcos:

> [...] E disse-lhes: Ide por todo o mundo, e pregai o evangelho a toda criatura.
> Mc 16:15 ARA

De fato, o Evangelho nunca foi somente para os Seus (judeus), apenas iniciaria por eles por terem sido os remanescentes, descendentes de Davi. O próprio Jesus pregava para os gentios (Efraim). E, conforme sabemos, com os discípulos seguiu-se o mesmo princípio.

> [...] Então os que estavam reunidos lhe perguntaram: **"Senhor, é neste tempo que vais restaurar o reino a Israel?"** Ele lhes respondeu: "Não lhes compete saber os tempos ou as datas que o Pai estabeleceu pela sua própria autoridade. **Mas receberão poder quando o Espírito Santo descer sobre vocês, e serão minhas testemunhas em Jerusalém, em toda a Judéia e Samaria, e até os confins da terra".**
> At 1:6-8 NVI

Após Sua ressurreição, Jesus os instrui para a Grande Comissão, em que o Evangelho seria anunciado em Jerusalém e Judeia: cidade e estado dos judeus, respectivamente. Em seguida, Samaria e todos os confins da Terra. *Samaria = Efraim = Gentios que foram dispersos como uma multidão de peixes na Terra.*

E como fazemos parte disso?

Você se considera um discípulo de Jesus? Você quer fazer parte do plano eterno de Deus? Isso é demais! Jesus nos convida para sermos parte de Seu processo de restauração. Mas não se esqueça: o Senhor é um Deus de ordens e princípios, e antes de mostrarmos ao mundo quem é Jesus, precisamos anunciar (viver) o Evangelho em nossas casas, famílias, cidades (Jerusalém, Judeia). E, somente após isso, para os países e nações (gentios, Efraim).

Venha! Vamos juntos fazer parte dessa restauração. Ele te convida a pregar o Evangelho. Vamos nos unir com o Senhor e fazer parte dessa história.

07

## Semeando Entre as Nações

**O MISTÉRIO DAS 10 TRIBOS PERDIDAS
O REINO DO NORTE É CORTADO
DA OLIVEIRA NATURAL**

Após o reinado de Davi, Salomão é ungido rei e se afasta dos caminhos do Senhor. Como consequência de seu pecado, Deus prometeu que a Casa de Israel seria dividida, entretanto, essa divisão não ocorreria durante o seu reinado. Anos se passam e seu filho Roboão sobe ao trono; é nesse momento em que começa a divisão: dez tribos do Norte ficam com Jeroboão, conhecidas como Casa de Israel (Efraim); e duas tribos do Sul para Roboão, conhecidas como Judá. A partir de então, foram chamadas duas Casas de Israel.

Mesmo que essa divisão fosse uma consequência do pecado de Salomão, ela já era parte dos planos de Deus, a maneira pela qual o Senhor cumpriria a promessa feita aos patriarcas.

O Reino do Norte (Casa de Israel ou Efraim), gradativamente se afastava dos caminhos do Senhor. Como resultado, são levados cativos para a Assíria até se dispersarem pelas nações, perdendo assim sua identidade.

Efraim foi uma semente lançada entre as nações, conforme a promessa feita a Abraão e sua descendência, de que seria pai de numerosas nações e extraordinariamente frutífero. Sabemos que essa mesma palavra foi transferida para Isaque, Jacó e Efraim, mas agora a semente está espalhada entre as nações. Como Deus fará para cumprir as promessas feitas aos patriarcas da fé?

Diante desse entendimento, observaremos que as Escrituras mencionarão, continuamente, as duas Casas de Israel, desde o Antigo Testamento até o Apocalipse. E, daí em diante, se inicia o processo que faz parte do plano eterno de Deus: a restauração dessas casas.

Se você já leu o livro de Oseias e ficou um pouco confuso sobre o pedido de Deus para que ele se casasse e tivesse filhos com uma prostituta, encorajo você a aumentar suas expectativas! Tudo que estava acontecendo naquele momento dizia respeito às duas Casas de Israel; especificamente, à Casa de Israel (Efraim).

De antemão, quero mencionar que o profeta Oseias era da Casa de Israel (Efraim – dez tribos do Norte) e que sua carta era direcionada exatamente para Efraim, a quem Deus avisou claramente que o reino – Casa de Israel (Efraim) iria acabar.

Veremos que o livro de Oseias nos trará grandes revelações sobre as duas Casas de Israel, o que nos ajudará na expansão do entendimento sobre esse princípio.

No primeiro capítulo, Deus anuncia que cessaria o reino da Casa de Israel:

> [...] Palavra do SENHOR, que foi dirigida a Oseias, filho de Beeri, nos dias de Uzias, Jotão, Acaz, Ezequias, **reis de Judá**, e nos

> dias de Jeroboão, filho de Joás, **rei de Israel**. O princípio da palavra do Senhor por meio de Oseias. Disse, pois, o Senhor a Oseias: Vai, **toma uma mulher de prostituições**, e filhos de prostituição; porque a terra certamente se prostitui, desviando-se do Senhor. Foi, pois, e tomou a Gômer, filha de Diblaim, e ela concebeu, e lhe deu um filho. E disse-lhe o Senhor: Põe-lhe o nome de **Jizreel**; porque daqui a pouco visitarei o sangue de Jizreel sobre a casa de Jeú, **e farei cessar o reino da casa de Israel**. E naquele dia quebrarei o arco de Israel no vale de Jizreel.
> Os 1:1-5 ACF

Já no início do livro, vemos que o Senhor pede a Oseias que se case com uma prostituta chamada Gômer. Os filhos nascidos deste casamento seriam uma profecia do futuro julgamento do Reino do Norte (Casa de Israel – Efraim). Três foram os descendentes nascidos: o nome do primeiro foi **Jezreel**, que significa **"Deus semeia ou Deus espalha"**, representando filhos de prostituição, que se desviaram de Deus. Simbolizava a Casa de Israel, que abandonou a Deus logo após a separação dos reinos, recebendo carta de divórcio por causa de sua prostituição.

> [...] E tornou ela a conceber, e deu à luz uma filha. E Deus disse: Põe-lhe o nome de **Lo-Ruama; porque eu não tornarei mais a compadecer-me da casa de Israel, mas tudo lhe tirarei. Mas da casa de Judá me compadecerei,** e os salvarei pelo Senhor seu Deus, pois não os salvarei pelo arco, nem pela espada, nem pela guerra, nem pelos cavalos, nem pelos cavaleiros.
> Os 1:6-7 ACF

Em seguida, Gômer dá à luz uma menina, a qual Deus pede que seja chamada **Lo-Ruama**, que significa **"sem misericórdia, sem compaixão ou sem piedade"**.

> [...] E, depois de haver desmamado a Lo-Ruama, concebeu e deu à luz um filho. E Deus disse: **Põe-lhe o nome de Lo-Ami; porque vós não sois meu povo, nem eu serei vosso Deus**.
> Os 1:8-9 ACF

O terceiro filho de Oseias com Gômer se chamou **Lo-ami**, que significa **"não meu povo"**.

Essa ordenança de Deus a Oseias representa a prostituição da Casa de Israel (Efraim – dez tribos do Norte). Vimos que Ele não iria mais se compadecer (amar) da Casa de Israel (Efraim), e que iria lhe tirar tudo. Assim como descrito em Jeremias, quando a Casa de Israel foi infiel a Deus e se prostituiu, recebendo uma "certidão de divórcio". Isso mesmo! Deus se divorcia da Casa de Israel (Reino do Norte – Efraim).

> [...] Durante o reinado do rei Josias, o Senhor me disse: "**Você viu o que fez Israel, a infiel?** Subiu todo monte elevado e foi para debaixo de toda árvore verdejante para **prostituir-se**. Depois de ter feito tudo isso, pensei que ela voltaria para mim, **mas não voltou**. E a **sua irmã traidora, Judá, viu essas coisas**. Viu também que **dei à infiel Israel uma certidão de divórcio e a mandei embora**[12], por causa de todos os seus adultérios. Entretanto, a **sua irmã Judá, a traidora, e também se prostituiu, sem temor algum**. E por ter feito pouco caso da imoralidade, **Judá contaminou a terra, cometendo adultério com ídolos de pedra e madeira**. Apesar de tudo isso, **sua irmã Judá, a traidora, não voltou para mim todo o coração, mas sim com fingimento**", declara o Senhor. O Senhor me disse: "**Israel, a infiel, é melhor do que Judá, a traidora**".
> Jr 3:6-11 NVI

---

12  Grifo nosso.

Isto é, a Casa de Israel (Efraim), a infiel, se prostituiu e se afastou do Senhor. Por conseguinte, Deus lhe deu uma carta de separação, "certidão de divórcio", fazendo com que ela se acabasse e fosse espalhada entre as nações como semente, para que uma multidão de nações viesse a nascer: **Jezreel, "Deus semeia"; Lo-Ruama, "sem misericórdia" e Lo-ami, "não meu povo".**

A Casa de Judá, irmã da Casa de Israel, além de trair o Senhor, assistiu à prostituição de Israel e também se prostituiu sem temor algum, contaminando a terra com seus adultérios. Porém, observe que a Bíblia não menciona uma carta de divórcio para Judá, somente para Israel. Por quê? Qual seria o motivo para que essa separação fosse aplicada somente para a Casa de Israel (Efraim) e não para a Casa de Judá (judeus)?

Dentre os motivos que podemos citar, estão o fato de que Israel, após toda sua prostituição, não voltou para o Senhor; mas Judá, sim. Ainda que com fingimentos e não de todo o coração, Judá retornou. Também, essencialmente, por amor a Davi[13] e pela profecia de Jacó[14], a qual dizia que o cetro de autoridade não poderia sair de Judá, até que Jesus se manifestasse em carne.

A Bíblia nos mostra que tanto a Casa de Judá (judeus) quanto a Casa de Israel (Efraim – dez tribos do Norte) se desviaram e estão afastados do Senhor. No entanto, apenas Israel recebeu a carta de divórcio. Com o passar do tempo, o povo foi levado cativo pela Assíria e se dispersou no meio de outros povos. E assim, desaparecido, permanece até os dias de hoje.

Isto posto, é possível entendermos que o casamento de Oseias está relacionado com a Casa de Israel, ou seja, Efraim, pois pelos da Casa de Judá haveria compaixão. Então, os filhos de Oseias **"Deus**

---

13  Salmos 89:1-4
14  Gênesis 49:10

semeia", "sem compaixão" e "não é meu povo" se referem, especificamente, a Efraim, à Casa de Israel, às dez tribos do Norte.

Deus não faz nada ao acaso. Tudo foi e é parte de Seu plano perfeito: Jezreel "Deus Semeia", Deus estava semeando (espalhando) Efraim (duplamente frutífero), dentre povos e nações. E isso foi feito com o objetivo de uma colheita, pois há uma promessa:

"Serás pai de numerosas nações, Far-te-ei fecundo (frutífero), multiplicarei a tua descendência como as estrelas dos céus e como a areia na praia do mar, na tua descendência serão benditas todas as nações da Terra, multipliquem-se como peixes, sua descendência será uma multidão de nações, frutifica e multiplica-te; uma nação, e uma multidão de nações sairá de ti".

Você se lembra do significado de multidão de nações? Plenitude dos gentios! "E essa é aliança perpétua, para ser o teu Deus e da tua descendência".[15]

Agora, Efraim (duplamente frutífero) foi semeado nas nações, para que então pudesse vir a plenitude dos gentios. Com isso, Abraão seria pai de todas essas nações, do Norte, Sul, Leste e Oeste.

> [...] Porque eis que darei ordem, e **sacudirei a casa de Israel entre todas as nações**, assim como se sacode grão no crivo, sem que caia na terra um só grão.
> Am 9:9 ACF

> [...] Na terra do Senhor não permanecerão; **mas Efraim tornará ao Egito, e na Assíria comerão comida imunda**.
> Os 9:3 ACF

> [...] **Efraim foi ferido, secou-se a sua raiz; não darão fruto;** sim, ainda que gerem, matarei os frutos desejáveis do seu

---

15 Gênesis 17:7

> ventre. **O meu Deus os rejeitará, porque não o ouviram, e errantes andarão entre as nações.**
> Os 9:16-17 ACF

> [...] **Efraim se mistura com os povos**; Efraim é um bolo que não foi virado. Estrangeiros lhe comeram a força, e ele não o sabe; também as cãs se espalharam sobre ele, e não o sabe.
> Os 7:8-9 ACF

> [...] **Israel foi devorado; agora está entre os gentios** como um vaso em que ninguém tem prazer. **Porque subiram à Assíria,** como um jumento montês, por si só; Efraim mercou amores. **Todavia, ainda que eles merquem entre as nações, eu os congregarei;** e serão um pouco afligidos por causa da carga do rei dos príncipes.
> Os 8:8-10 ACF

O capítulo 1 de Oseias é um resumo do restante do livro, e nele é mencionada explicitamente a rejeição de Efraim. Mas logo vemos sua reconciliação, no momento em que Deus inicia o plano de restauração para Efraim.

É interessante como em todo o livro de Oseias existem referências a essa separação entre Deus e a Casa de Israel (Efraim – dez tribos do Norte):

> [...] E semeá-la-ei para mim na terra, e compadecer-me-ei dela que não obteve misericórdia; e eu **direi àquele que não era meu povo** [Lo-Ami][16]: **Tu és meu povo** [Ami][17]; e ele dirá: Tu és meu Deus!
> Os 2:23 ACF

---

16  Colchetes nossos.
17  Colchetes nossos.

> [...] Todavia, **o número dos filhos de Israel será como a areia do mar, que não pode medir- se nem contar-se; e acontecerá que no lugar onde se lhes dizia: Vós** não sois meu povo **[Lo-Ami][18], se lhes dirá: Vós sois filhos do Deus vivo**.
> Os 1:10 ACF

Nesse momento, Deus dá esperança para a Casa de Israel (Efraim – dez tribos do Norte), trazendo uma promessa de restauração para que pudessem fazer parte do Seu povo sacerdotal. Inicialmente, é mencionada a sentença de morte ao Reino do Norte, mas, na sequência, fala-se do renascimento desse povo; da restauração de Efraim, que será como a areia do mar. O cumprimento da promessa feita aos patriarcas.

Então, Deus semeia *(Jezreel)* Efraim entre as nações e, com isso, é dito que haverá uma restauração pela misericórdia de Deus *(Ruama)*, ou seja, pela Sua graça[19]. E voltarão a ser Seu povo *(Ami)*[20].

> [...] e acontecerá que no lugar onde se lhes dizia: Vós não sois meu povo, se lhes dirá: Vós sois filhos do Deus vivo.
> Os 1:10b ACF

Deus está começando uma nova história para a Casa de Israel (Efraim): os que foram dispersos entre as nações irão voltar para ser uma multidão de povos (plenitude de gentios). As duas Casas de Israel estão fora dos caminhos do Senhor. Contudo, Ele está chamando-as ao arrependimento, pois um dia voltarão a ser um povo que irá congregar junto novamente.

---

18  Colchetes nossos.
19  Efésios 2:8
20  Oseias 2:23

> [...] Vai, pois, e apregoa estas **palavras para o lado norte**, e dize: **Volta, ó rebelde Israel, diz o Senhor, e não farei cair a minha ira sobre ti; porque misericordioso sou, diz o Senhor, e não conservarei para sempre a minha ira.** Somente reconhece a tua iniquidade, que transgrediste contra o Senhor teu Deus; e estendeste os teus caminhos aos estranhos, debaixo de toda a árvore verde, e não deste ouvidos à minha voz, diz o Senhor.
> Jr 3:12-13 ACF

> [...] Vinde, e tornemos para o SENHOR, porque ele nos despedaçou e nos sarará; fez a ferida e a ligará. Depois de dois dias, nos revigorará; ao terceiro dia, nos levantará, e viveremos diante dele.
> Os 6:1-2 ARA

Um Deus cheio de amor, misericórdia e graça, prometendo que Sua ira não seria mantida para sempre contra a Casa de Israel (Reino do Norte).

O próprio Senhor os despedaçou, e Ele mesmo irá curar Israel e Judá. Ele fez a ferida e irá restaurar. Há um poderoso mistério nisso: quando Deus vai, de fato, começar a restauração dessas duas Casas? O capítulo 6 diz que, após dois dias, nos revigorará; e no terceiro dia, nos levantará para que possamos viver diante dEle. Portanto, essa restauração começou em Jesus. Ele veio à Terra com o propósito de buscar o que havia se perdido: as duas Casas de Israel.

Efraim e Judá estavam perdidos e precisavam de um Salvador. Ele veio a este mundo e morreu, para que pudéssemos viver (revigorará = vida) e, ao terceiro dia, nos levantou (nos fará permanecer vivos) para que possamos viver diante dEle.

Você entendeu que, por mais que Deus tenha dado a carta de divórcio para a Casa de Israel, Ele a perdoa e a regenera para que ela e Judá possam viver diante dEle novamente?

> [...] E **os filhos de Judá e os filhos de Israel juntos se congregarão, e constituirão sobre si uma só cabeça**, e subirão da terra; porque **grande será o dia de Jezreel**.
> Os 1:11 ACF

E ambas as casas, Efraim e Judá, congregarão juntas, tendo Jesus como cabeça sobre elas, pois se morreram com Cristo, com Ele ressuscitarão. Nisto, a revelação na figura do grão de trigo que morre para dar frutos: o grão é Jesus. E porque grande será o dia que Deus semeia (Jezreel).[21]

> [...] Para que também desse a conhecer as riquezas da sua glória nos vasos de misericórdia, que para glória já dantes preparou, <u>os quais somos nós, a quem também chamou, não só dentre os judeus, mas também dentre os gentios?</u>[22] Como também diz em Oseias: Chamarei meu povo ao que não era meu povo; e amada a que não era amada. E sucederá que no lugar em que lhes foi dito: Vós não sois meu povo; aí serão chamados filhos do Deus vivo.
> Rm 9:23-26 ACF

É evidente que Paulo considerava a Igreja como a união da Casa de Judá e da semente dispersa de Abraão – Efraim. Vamos analisar isto mais adiante.

---

21  Oseias 1:11
22  Grifo nosso

> [...] **E acontecerá naquele dia que a raiz de Jessé, a qual estará posta por estandarte dos povos, será buscada pelos gentios;** e o lugar do seu repouso será glorioso. E há de ser que naquele dia **o Senhor tornará a pôr a sua mão para adquirir outra vez o remanescente do seu povo, que for deixado, da Assíria,** e do Egito, e de Patros, e da Etiópia, e de Elã, e de Sinar, e de Hamate, e das ilhas do mar. E **levantará um estandarte entre as nações, e ajutará os desterrados de Israel, e os dispersos de Judá** congregará desde os quatro confins da Terra. E afastar-se-á a inveja de Efraim, e os **adversários de Judá serão desarraigados; Efraim não invejará a Judá, e Judá não oprimirá a Efraim**.
> Is 11:10-13 ACF

A Casa de Judá teve um papel indispensável no período entre a dispersão das dez tribos do Norte e a chegada de Cristo. Ela era o remanescente do povo sacerdotal, que carregava o cetro de autoridade até a chegada do Messias.

Sabemos que foi parte do plano de Deus a separação entre a Casa de Israel (Efraim) e a Casa de Judá. Para que se cumprisse Seu propósito, Ele restauraria os dois povos por intermédio de Seu filho, Jesus. Isso revela que houve uma profecia para as dez tribos do Norte (Efraim – Casa de Israel), que foi cumprida na primeira vinda de Cristo.

> [...] Assim virão muitos povos e poderosas nações, a buscar em Jerusalém ao Senhor dos Exércitos, e a suplicar o favor do Senhor. Assim diz o Senhor dos Exércitos: **Naquele dia sucederá que pegarão DEZ HOMENS, de todas as línguas das nações, pegarão, sim, na orla das vestes DE UM JUDEU, dizendo: Iremos convosco, porque temos ouvido que Deus está convosco**.
> Zc 8:22-23 ACF

Essa é uma profecia sobre a chegada do Messias. Muitos povos e nações viriam ao Seu encontro em Jerusalém. Note: **"Dez homens, de todas as línguas das nações"**, referindo-se às dez tribos (Efraim – Casa de Israel) que foram espalhadas pelos quatro cantos da Terra e se misturaram com os gentios, tornando-se a plenitude dos gentios[23]. E que pegariam na orla das vestes de um judeu (Jesus), porque ouviram que Deus estava com Ele.

---

23  Gênesis 48 e Romanos 11

08

# O Mistério de Cristo

Ao lermos Romanos 11, veremos Paulo, guiado pelo Espírito Santo, escrevendo acerca de um mistério. E qual é esse mistério? Antes de falarmos sobre ele, precisamos entender seu contexto. Primeiramente, tenha paciência ao ler este capítulo. Não leia como se estivesse ouvindo um áudio acelerado no aplicativo de mensagens instantâneas, mas, com sua Bíblia em mãos, leia e, se puder, pegue um caderno de anotações para que você possa realmente entender.

Vamos lá!

### FILHOS DA CARNE X FILHOS DA PROMESSA

Infelizmente, muitos cristãos interpretam Romanos 11 segundo o seu entendimento. Alguns dizem que, quando Paulo fala sobre Israel, ele se refere apenas a judeus. No entanto, se você tem acompanhado este livro desde o início, já sabe que Israel não é – e nunca foi – somente os judeus, mas sim, as 12 tribos. E, após a divisão, as duas Casas de Israel (Reino do Sul/Efraim e Reino do Norte/Judá).

Com o propósito de entendermos esse trecho bíblico, voltaremos alguns capítulos para estabelecer o contexto como base. Desta forma, poderemos ver a riqueza de revelações que Paulo nos proporciona sobre o Israel de Deus!

Vamos começar fazendo aqui um breve resumo sobre o que Paulo escreve em Romanos 8:1-14. Ele diz que nenhuma condenação há para aqueles que estão em Cristo Jesus, e que a **lei foi enfraquecida pela carne**, pois Deus enviou Seu Filho como oferta pelos nossos pecados e, assim, condenou o pecado da carne, **nos ensinando a viver segundo o Espírito**.

Medite nisso: Paulo agora começa a fazer distinção entre os filhos da carne e os filhos do Espírito, ou seja, os filhos da promessa.

A orientação é para que não vivamos segundo a carne, mas segundo o Espírito, pois se a mentalidade da carne é morte, a do Espírito é vida e paz. Aqueles que andam sob o domínio da carne não agradam a Deus, mas os que vivem segundo o Espírito, esses estão em Cristo. Se vivermos segundo a carne, morreremos, mas se fizermos morrer nossa carne para que o Espírito viva, viveremos! Certamente, **os filhos de Deus não são os da carne, e sim, do Espírito; os filhos da promessa**.

> [...] Digo a verdade em Cristo, não minto, testemunhando comigo, no Espírito Santo, a minha própria consciência: tenho grande tristeza e incessante dor no coração; **porque eu mesmo desejaria ser anátema, separado de Cristo, por amor de meus irmãos, meus compatriotas, segundo a carne. São israelitas. Pertence-lhes a adoção e também a glória, as alianças, a legislação, o culto e as promessas; deles são os patriarcas**, e também deles descende o Cristo, segundo a carne, o qual é sobre todos, Deus bendito para todo o sempre. Amém! E **não pensemos que a palavra de Deus haja falhado**, porque **nem todos os de Israel**

são, de fato, israelitas; nem por serem descendentes de Abraão são todos seus filhos; mas: **em Isaque será chamada a Sua descendência**. Isto é, **estes filhos de Deus não são propriamente os da carne, mas devem ser considerados como descendência os filhos da promessa**. Porque a palavra da promessa é esta: Por esse tempo, virei, e Sara terá um filho. E não ela somente, mas também Rebeca, ao conceber de um só, Isaque, nosso pai. E ainda não eram os gêmeos nascidos, nem tinham praticado o bem ou o mal (para que o propósito de Deus, quanto à eleição, prevalecesse, não por obras, mas por aquele que chama), já fora dito a ela: O mais velho será servo do mais moço. Como está escrito: **Amei Jacó**, porém me aborreci de Esaú.
Rm 9:1-13 ARA

Paulo enfatiza: **"Porque eu mesmo desejaria ser anátema, separado de Cristo, por amor de meus irmãos, meus compatriotas, segundo a carne. São israelitas"**. Então, seus familiares são israelitas (Casa de Efraim e Casa de Judá) segundo a carne. Isto é, Paulo não está falando apenas aos judeus, mas a todo Israel (Casa de Efraim e Casa de Judá). Ambas as casas tropeçaram. Com isso, podemos afirmar que ele fala para as duas Casas de Israel, já que também é mencionado: **"pertence-lhes a adoção e também a glória, as alianças, a legislação, o culto e as promessas; deles são os patriarcas"**. Repare que a adoção é para todos que recebem a Jesus, tanto judeus, os da carne, quanto gentios, os da promessa. E ele ainda segue falando sobre as alianças e as promessas feitas pelo Senhor com a Israel Unificada, ou seja, as 12 tribos.

Ressalto, novamente, que nenhuma aliança foi feita somente para a Casa de Judá ou o povo judeu. Todas as alianças e promessas foram feitas para o Israel de Deus (12 tribos) antes de sua dispersão. Após a divisão, sabemos que existe apenas uma única aliança feita:

a Nova Aliança que vem através de Cristo, pela qual ocorre a reunificação do Israel de Deus (Casa de Judá e Casa de Israel – Efraim).

Paulo alerta que nem todos os que são de Israel (da carne, Casa de Israel – Efraim e Casa de Judá) são, de fato, israelitas (nascidos do Espírito, filhos da promessa), posto que para sermos filhos da promessa (filhos de Deus) é necessário nascermos de novo, não segundo a carne, mas pelo Espírito: "Nem mesmo por serem descendentes de Abraão (da carne) são todos seus filhos, mas em Isaque será chamada a Sua descendência".

Sabemos que Ismael era filho de Agar; um filho da carne. Deus havia entregado a Abraão uma promessa de que, por intermédio de sua descendência, todas as famílias da terra seriam abençoadas. Sabendo o que o Senhor havia prometido, Sara, que era estéril, tentou "ajudar" a Deus fazendo com que sua serva tivesse um filho com Abraão. Assim, Agar gerou Ismael, o filho da carne. Com o passar do tempo, e já em idade avançada, Sara fica grávida de Isaque, o filho da promessa.

E quem é a promessa? **Jesus**.

Cristo é o cumprimento da promessa, e os filhos da carne (descendentes carnais das 12 tribos) não são mais contados como filhos de Deus. Os filhos da promessa, "aqueles que nasceram de novo em Cristo", estes, sim, são os filhos de Deus. E isso significa que, independentemente da linhagem, seja judeu ou gentio, se você está em Cristo, você é filho da promessa (descendente do Espírito ou descendente de Abraão).

Você se lembra de um fariseu, membro do Sinédrio, mestre da Lei, um dos principais dentre os judeus, que se chamava Nicodemos? Então, veja o que Jesus disse para ele: "Em verdade, em verdade te digo que, se alguém não nascer de novo, não pode ver o reino de Deus"²⁴. Nicodemos não entendia como alguém já velho poderia nascer de novo. E Jesus lhe ensina outra vez: "Quem não nascer da água e do Espírito, não pode entrar no reino de Deus. **O que é nascido da carne é carne; e o que é nascido do Espírito é espírito**"²⁵. Você compreende? Sua linhagem não importa; para fazer parte do Reino de Deus, é necessário nascer do Espírito.

> [...] **Todos vocês são filhos de Deus mediante a fé em Cristo Jesus**, pois os que em Cristo foram batizados, de Cristo se revestiram. **Não há judeu nem grego**, escravo nem livre, homem nem mulher; **pois todos são um em Cristo Jesus**. E, **se vocês são de Cristo, são descendência de Abraão e herdeiros segundo a promessa**.
> Gl 3:26-29 NVI

Que incrível! Todos os que estão em Cristo são filhos de Deus, descendentes de Abraão e herdeiros da promessa! E qual é essa promessa? Que através de Abraão todas as famílias da Terra seriam abençoadas. Isso se cumpre plenamente em Cristo.

> [...] Para que **a bênção de Abraão chegasse aos gentios, em Jesus Cristo, a fim de que recebêssemos, pela fé, o Espírito prometido**. Irmãos, falo como homem. Ainda que uma aliança seja meramente humana, uma vez ratificada, ninguém a revoga ou lhe acrescenta alguma coisa. Ora, **as promessas foram feitas a Abraão e ao seu descendente. Não diz: E aos descendentes, como se falando de muitos, porém como de um só: <u>e ao teu descendente, que é Cristo</u>.**²⁶
> Gl 3:14-16 ARA

---

24   João 3:3
25   João 3:5-6
26   Grifo nosso.

Lembre-se das promessas feitas a Abraão e a seu descendente no "singular", e não a descendências, como falando de muitas pessoas, mas de uma pessoa; e essa pessoa é Cristo. Todos os que são de Cristo, instantaneamente, são descendentes de Abraão e herdeiros da promessa.

Nisso, entendemos que Paulo faz distinção entre os filhos da carne e os filhos da promessa (Espírito). Observe que, em momento algum, ele fala apenas para os judeus (Casa de Judá), mas sim, para a Casa de Israel (Efraim e Judá).

> [...] Os quais **somos nós, a quem também chamou, não só dentre os judeus, mas também dentre os gentios?** Assim como também diz em Oseias: **Chamarei povo meu ao que não era meu povo; e amada, à que não era amada; E no lugar em que se lhes disse: Vós não sois meu povo, ali mesmo serão chamados filhos do Deus vivo.** Mas, relativamente a Israel, dele clama Isaías: **Ainda que o número dos filhos de Israel seja como a areia do mar, o remanescente é que será salvo.**
> Rm 9:24-27 ARA

Paulo citando o profeta Oseias. Isso é precioso! Suas cartas eram fundamentadas no Antigo Testamento e nos profetas, nada foi escrito aleatoriamente. Ele tinha um profundo conhecimento do Antigo Testamento. Por isso, quando recebe Jesus, o Espírito de Deus vem sobre ele e revela o mistério de Cristo.

Ciente de que Deus jamais escolheu e liberou Suas promessas apenas para um povo, ou apenas a uma das casas, mas para ambos, judeus e gentios, reflita sobre o que Oseias descreveu: "Povo meu ao que não era meu povo; e amada, a que não era amada; e no lugar em que se lhes disse: Vós não sois meu povo, ali mesmo serão chamados filhos do Deus vivo"²⁷. Agora, já sabemos que essa palavra não era para os da Casa de Judá, mas para os da Casa de Israel – Efraim. Desta forma, mais uma vez se confirma que Paulo não fala apenas para os judeus. [...] Ainda que o número dos filhos de Israel (Casa de Israel – Efraim e Casa de Judá) seja como a areia do mar, **o remanescente** (os filhos da promessa que nasceram em Cristo Jesus) **de ambas as casas é que será salvo**²⁸.

Veja o que Paulo anuncia no capítulo 9 de Romanos:

> [...] Por quê? Porque não decorreu da fé, e sim como que das obras. **Tropeçaram na pedra de tropeço**. Como está escrito: Eis que ponho em Sião uma pedra de tropeço e rocha de escândalo, e aquele que nela crê não será confundido.
> Rm 9:32-33 ARA

Somente a Casa de Israel – Efraim – vacilou na pedra de tropeço? Não. Ambas as casas tropeçaram.

> [...] Ele vos será santuário; **mas será pedra de tropeço e rocha de ofensa às duas casas de Israel**, laço e armadilha aos moradores de Jerusalém.
> Is 8:14 ARA

### O FUTURO DE ISRAEL

[...] Pergunto, pois: **terá Deus, porventura, rejeitado o seu povo? De modo nenhum! Porque eu também sou israelita da descendência de Abraão, da tribo de Benjamim. Deus não rejeitou o seu povo, a quem de antemão conheceu.** Ou não sabeis o que

---

27   Oseias 1:10
28   Romanos 9:27 (parênteses nossos)

> a Escritura refere a respeito de **Elias, como insta perante Deus contra Israel**, dizendo: Senhor, mataram os teus profetas, arrasaram os teus altares, e só eu fiquei, e procuram tirar-me a vida.
> Rm 11:1-3 ARA

Acaso Deus havia rejeitado Seu povo? Que povo é esse ao qual o apóstolo se refere? É Israel (Casa de Israel – Efraim e a Casa de Judá). Observe o questionamento: "Por acaso Deus rejeitou o Seu Israel? De maneira nenhuma, pois eu também sou israelita"[29]. Aqui, Paulo se intitula como israelita. Ele poderia afirmar ser judeu, pois era da tribo de Benjamim, uma parte da Casa de Judá; porém, em momento algum isso é alegado. Em vez disso, ele mesmo enfatiza ser um israelita.

E continua dizendo: "Deus não rejeitou Seu povo, o qual de antemão elegeu"[30]. Qual é o povo que Deus elegeu? Os judeus? Não. Paulo se refere a todo o Israel, ou às 12 tribos, às duas Casas de Israel (Casa de Israel e Casa de Judá). E nisso ele usa como exemplo Elias, um profeta do Reino do Norte (Casa de Israel – Efraim).

> [...] Que lhe disse, porém, a resposta divina? **Reservei para mim sete mil homens, que não dobraram os joelhos diante de Baal.** Assim, pois, também agora, no tempo de hoje, **sobrevive um remanescente segundo a eleição da graça. E, se é pela graça, já não é pelas obras; do contrário, a graça já não é graça.** Que diremos, pois? **O que Israel busca, isso não conseguiu; mas a eleição o alcançou; e os mais foram endurecidos**.
> Rm 11:4-7 ARA

---

29  Romanos 11:1
30  Romanos 11:2

Aqui Paulo faz referência a Elias, um profeta do Reino do Norte, quando afirma que sete mil homens (o número 7 simboliza inteireza, perfeição e totalidade) não se dobraram perante Baal, e que restou um remanescente. Conforme Romanos 9:27, mesmo que os filhos de Israel (Casa de Efraim e de Judá) sejam como a areia do mar, apenas o remanescente (de ambas as casas) será salvo. Assim sendo, um povo dentro do povo, os filhos da promessa, os que estão em Cristo, independentemente de sua linhagem natural; os eleitos segundo a graça.

> [...] Pergunto, pois: **porventura, tropeçaram para que caíssem? De modo nenhum! Mas, pela sua transgressão, veio a salvação aos gentios, para pô-los em ciúmes.** Ora, se **a transgressão deles redundou em riqueza para o mundo, e o seu abatimento, em riqueza para os gentios, quanto mais a sua plenitude! Dirijo-me a vós outros, que sois gentios!** Visto, pois, que **eu sou apóstolo dos gentios, glorifico o meu ministério,** para ver se, de algum modo, posso incitar à emulação os do meu povo e salvar alguns deles. Porque, se o fato de **terem sido eles rejeitados trouxe reconciliação ao mundo, que será o seu restabelecimento, senão vida dentre os mortos?** E, se forem santas as primícias da massa, igualmente o será a sua totalidade; se for santa a raiz, também os ramos o serão.
> Rm 11:11-16 ARA

Sem o entendimento acerca das duas casas de Israel, poderíamos chegar à conclusão de que Paulo estava falando exclusivamente sobre os judeus. Mas, porventura, tropeçaram para que caíssem? De modo algum. Porém, como sabemos, ambas as casas tropeçaram. Efraim até mesmo recebeu carta de divórcio, espalhando-se entre os gentios. Somente mais adiante a restauração de ambas as casas é iniciada, e isto por meio de Cristo. Claramente, por meio da queda de Israel veio a salvação aos gentios; assim dizendo, através de Efraim.

Conforme Romanos 11, se a sua transgressão (a transgressão de Israel, Judá e Efraim) trouxe riqueza para o mundo, e sua diminuição, riqueza para os gentios, quanto mais a sua plenitude (Israel)! E quando veremos isso acontecer? Quando houver a plenitude dos gentios[31].

Paulo declara que a rejeição de ambas as Casas resultou na reconciliação ao mundo. Você que está lendo este livro consegue imaginar o que acontecerá no dia em que as duas Casas forem restauradas? Se há dúvida, leia novamente Romanos 11:15, onde está escrito que o restabelecimento de ambas as casas trará vida entre os mortos. Eu te pergunto: em que momento os mortos terão vida novamente? Quando isso acontecerá? E a resposta é: na volta de Cristo. O que ainda falta para Cristo retornar é um novo nascimento e a unificação de gentios e judeus.

## AS OLIVEIRAS

Ao lerem Romanos 11, muitos cristãos se confundem, afirmando que Jesus é a oliveira. No entanto, o contexto não nos permite fazer essa interpretação. É primordial que tenhamos entendimento de que a oliveira representa Israel (Casa de Israel e Casa de Judá). Veja o que Jeremias fala sobre ela:

> [...] O SENHOR te chamou de oliveira verde, [...] Porque o Senhor dos exércitos, que te plantou [...] A casa de Israel e a casa de Judá...
> Jr 11:16-17 ARA

Tendo clareza de que a oliveira é Israel (Casa de Israel e Casa de Judá), observe algo muito importante: Paulo mencionará duas

---
31 Romanos 11:25

oliveiras; duas árvores da mesma espécie, porém, uma é a oliveira brava (zambujeiro), a qual é incapaz de dar frutos, e a outra é a dos ramos naturais da boa oliveira. No entanto, essas duas oliveiras nem sempre foram duas. Isso mesmo. Anteriormente, elas eram uma só, e juntas formavam o Israel de Deus (Casa de Israel e Casa de Judá).

> [...] **Denominou-te o Senhor oliveira verde**, formosa por seus deliciosos frutos, **mas agora à voz de um grande tumulto acendeu fogo ao redor dela e se quebraram os seus ramos. Porque o Senhor dos Exércitos, que te plantou, pronunciou contra ti o mal, pela maldade da casa de Israel e da casa de Judá, que para si mesma fizeram**, pois me provocaram à ira, queimando incenso a Baal.
> Jr 11:16-17 ACF

Isso é extraordinário! Paulo tinha conhecimento a respeito do que o profeta Jeremias havia escrito; você percebe como tudo se conecta?

Como vimos, Israel (oliveira) foi dividido em dois reinos, a Casa de Israel – Efraim (Reino do Norte), e a Casa de Judá (Reino do Sul). Judá, embora desviada e longe dos caminhos do Senhor, carregava a profecia de que o cetro de autoridade ficaria sobre ela até a chegada do Messias. Nesse caso, um remanescente permaneceu conectado ao Senhor para que o Messias pudesse vir à Terra. Então, constatamos que Judá representa os ramos naturais da oliveira.

A Casa de Israel (Efraim), além de se desviar, recebeu a carta de divórcio, sendo abandonada ("não meu povo, sem misericórdia") por Deus, se espalhando entre os gentios (semente nas nações) e se afastando do Senhor, tornando-se então a oliveira brava.

Diante disso, entendemos que a oliveira é Israel (Casa de Israel e Casa de Judá), a qual tem seus ramos naturais (Casa de Judá), e que a Casa de Israel – Efraim teve seus ramos cortados, tornando-se ramos da oliveira brava (zambujeiro), os quais serão **enxertados** na oliveira (Israel).

Com esse princípio em mente, veja o que Paulo expressa:

> [...] E, se forem santas as primícias da massa, igualmente o será a sua totalidade; se for santa a raiz, também os ramos o serão.
> Rm 11:16 ARA

Para discernirmos essa passagem, é necessário ter algum conhecimento sobre as festas do Senhor, originalmente conhecidas como os tempos determinados por Deus.

De maneira geral, nas festas são apresentados sinais proféticos que nos ajudarão a entender as profecias da Bíblia, trazendo revelações sobre assuntos mencionados por Paulo e outros autores bíblicos. Agora que você já tem uma breve síntese, vamos refletir sobre o que Paulo escreveu em Romanos 11:16.

Na Festa de Pentecostes, o sacerdote tinha por ordenança oferecer dois pães levedados, isto é, pães com fermento. Conforme sabemos, o fermento representa o pecado. Desse modo, eles ofereciam dois pães "com pecado", representando as duas Casas de Israel, as quais haviam pecado contra Deus. É interessante ressaltar que os dois pães eram feitos da farinha das primícias da colheita de cevada, colhida 50 dias antes. As primícias representam a ressurreição de Jesus. Os dois pães (Efraim e Judá) são feitos da massa dessas primícias "de Jesus".

Paulo anuncia que se as primícias (Jesus) são santas, a massa (Igreja = Efraim + Judá) também é. E se a raiz (Jesus) é santa, os ramos (Efraim, oliveira brava + Judá, ramos naturais) também serão.

De que maneira a massa (Igreja, Efraim e Judá) pode ser santa?

Quando morremos para o pecado (Páscoa), ele não tem mais domínio sobre nós (pães ázimos). Assim, nascemos de novo e ressuscitamos em Cristo (primícias). Essa massa feita das primícias, que é Jesus, é santa. Somente os que morrem e nascem em Cristo fazem parte desta massa[32]. "E se as primícias são santas a massa também é, e se a raiz é, os ramos também são"[33]. Claramente, os que morreram e renasceram em Cristo são os ramos. Paulo diz: "Ainda que Israel seja como a areia da praia do mar, apenas os remanescentes serão salvos"[34].

> [...] E se **alguns dos ramos foram quebrados, e tu, sendo zambujeiro, foste enxertado em lugar deles, e feito participante da raiz e da seiva da oliveira,** não te glories contra os ramos; e, se contra eles te gloriares, não és tu que sustentas a raiz, mas a raiz a ti. Dirás, pois: **Os ramos foram quebrados, para que eu fosse enxertado**. Está bem; **pela sua incredulidade foram quebrados, e tu estas em pé pela fé. Então não te ensoberbeças, mas teme. Porque, se Deus não poupou os ramos naturais, teme que não te poupe a ti também**.
> Rm 11:17-21 ACF

Alguns dos ramos da oliveira foram quebrados, a oliveira (Israel, Efraim e Judá) tem Cristo (Jesus) como raiz; ou seja, o Israel unificado. Se alguns dos ramos naturais (Judá) foram quebrados pela sua incredulidade, e "tu sendo zambujeiro (Efraim) foste enxertado (Igreja, gentios) no lugar deles (os incrédulos de Judá) e feito participante da raiz, da seiva da oliveira, que é Jesus, não te glorie"[35]. Paulo está se dirigindo aos gentios, à Casa de Israel. Isto é: "[Efraim,] não te glories contra os ramos naturais (Judá,

---

32  Romanos 6; Gálatas 2
33  Romanos 11:16
34  Romanos 9:27
35  Romanos 11:16-23 (parênteses nossos)

judeus), porque não eś tu (Efraim, gentios) que sustenta a raiz, mas a Raiz (Cristo) sustenta a ti.

## POR QUE A OLIVEIRA BRAVA SIMBOLIZA EFRAIM E OS RAMOS NATURAIS REPRESENTAM JUDÁ?

Efraim se desviou e recebeu carta de divórcio, mas Judá se manteve casado com Deus e guardando Sua lei, para que, então, o Messias viesse por seu intermédio.

Efraim dirá: os ramos naturais (Judá) foram quebrados para que eu fosse enxertado. Tudo bem, eles foram quebrados pela incredulidade, e você foi enxertado pela fé. Por isso, não se glorie, mas tema. Por quê? Porque se Deus não poupou os ramos naturais (Judá), tema que Ele não te poupe também.

> [...] Considera, pois, a bondade e a severidade de Deus: para com os que caíram, severidade; mas para contigo, benignidade, se permaneceres na sua benignidade; de outra maneira também tu serás cortado. E também eles, se não permanecerem na incredulidade, serão enxertados; porque poderoso é Deus para os tornar a enxertar. **Porque, se tu foste cortado do natural zambujeiro e, contra a natureza, enxertado na boa oliveira, quanto mais esses, que são naturais,** serão enxertados na sua própria oliveira.
> Rm 11:22-24 ACF

"Para os que caíram (Judá), severidade, mas para contigo (Efraim), benignidade, se permanecerdes na sua benignidade; do contrário, também será cortado". Assim também se eles (Judá) não permanecerem na incredulidade, serão enxertados novamente. Porque, se Efraim foi cortado da oliveira brava, e enxertado na boa oliveira, que é Israel, a Igreja, que tem Cristo como cabeça, quanto mais esses que são naturais (Judá) serão enxertados na sua própria oliveira[36].

> [...] Porque **não quero, irmãos, que ignoreis este mistério** (para que não presumais de vós mesmos): **que o endurecimento veio em parte sobre Israel, até que a plenitude dos gentios haja entrado**. **E assim todo o Israel será** salvo, como está escrito: De Sião virá o Libertador, E desviará de Jacó as impiedades. **E esta será** a minha **aliança com eles, quando eu tirar os seus pecados**. Rm 11:25-27 ARA

Perceba que agora Paulo adverte os gentios para que não sejam ignorantes sobre esse segredo. Mas qual segredo? Exatamente o que acabamos de entender: o endurecimento veio em parte sobre Israel e a divisão estava no plano de Deus. Havia um tempo e propósito para que, desta forma, pudesse vir a **plenitude dos gentios**, conforme prometido a Efraim em Gênesis 48, e isso ocorre após a morte e ressurreição de Cristo.

**E então, todo o Israel será salvo**: Efraim (gentios) e Judá (judeus). E esta será a aliança com o Senhor quando, por Ele, forem tirados os pecados.

Com quem será feita a Nova Aliança?

> [...] Eis que dias vêm, diz o Senhor, **em que farei uma aliança nova com a casa de Israel e com a casa de Judá**. Não conforme a aliança que fiz com seus pais, no dia em que os tomei pela mão, para os tirar da terra do Egito; porque eles invalidaram a minha aliança apesar de eu os haver desposado, diz o Senhor. **Mas esta é a aliança que farei com a casa de Israel depois daqueles dias,**

---

[36] Romanos 11:1-2a, 5-8, 11-24

> diz o Senhor: Porei a minha lei no seu interior, e a escreverei no seu coração; e eu serei o seu Deus e eles serão o meu povo.
> Jr 31:31-33 ACF

Com o discernimento sobre as duas Casas de Israel, tudo começa a fazer sentido, não é mesmo? A Palavra é conectada do início ao fim. O que acabamos de abordar nos leva a um nível mais profundo de revelação, pois sem a compreensão deste princípio, o entendimento de parte das Escrituras e das cartas de Paulo fica completamente comprometido.

Agora, é possível compreender perfeitamente o que o apóstolo traz no final de Romanos 11:

> [...] **Porque Deus encerrou a todos debaixo da desobediência, para com todos usar de misericórdia.** Ó profundidade das riquezas, tanto da sabedoria, como da ciência de Deus! Quão insondáveis são os seus juízos, e quão inescrutáveis os seus caminhos! Por que quem compreendeu a mente do Senhor? ou quem foi seu conselheiro? Ou quem lhe deu primeiro a ele, para que lhe seja recompensado? **Porque dele e por ele, e para ele, são todas as coisas; glória, pois, a ele eternamente. Amém.**
> Rm 11:32-36 ACF

## O MISTÉRIO DE CRISTO

Qual é o mistério de que Paulo tanto fala em suas cartas?

> [...] Porque **não quero, irmãos, que ignoreis este mistério** (para que não presumais de vós mesmos): **que o endurecimento veio em parte sobre Israel, até que a plenitude dos gentios haja entrado**.
> Rm 11:25 ARA

Esse versículo também reitera que o endurecimento sobre Israel aconteceu como parte do plano de Deus para que, então, viesse a **plenitude dos gentios.**

Agora, observe comigo o que Paulo afirma em Efésios:

> [...] Por esta causa eu, Paulo, **sou o prisioneiro de Cristo Jesus, por amor de vós, gentios**, se é que tendes ouvido a respeito da dispensação da graça de Deus a mim confiada para vós outros; pois, **segundo uma revelação, me foi dado conhecer o mistério, conforme escrevi há pouco**, resumidamente; pelo que, quando ledes, podeis compreender o meu discernimento do **mistério de Cristo**, o qual, em outras gerações, não foi dado a conhecer aos filhos dos homens, como, agora, foi revelado aos seus santos apóstolos e profetas, no Espírito, a saber, que **os gentios são co-herdeiros, membros do mesmo corpo e co-participantes da promessa em Cristo Jesus por meio do evangelho**; do qual fui constituído ministro conforme o dom da graça de Deus a mim concedida segundo a força operante do seu poder. Ef 3:1-7 ARA

Isso é tremendo! Você já está conseguindo juntar as peças do quebra-cabeça? Preste muita atenção e veja como Paulo inicia o capítulo: "Por esta causa eu, Paulo, sou o prisioneiro de Cristo Jesus, por amor de vós, gentios". Uau! Ele era "prisioneiro" mediante uma revelação que lhe abriu o entendimento para conhecer o mistério de Cristo, o qual, "em outras gerações, não foi dado a conhecer aos filhos dos homens, como, agora, foi revelado aos seus santos apóstolos e profetas, no Espírito".

Você compreende a profundidade desse mistério? Faça uma pausa por um momento. Antes de prosseguir com a leitura, leia novamente este capítulo se ainda não tiver entendido por completo sobre o que estamos falando.

Se estiver conectado comigo e entendendo o que Paulo está dizendo, prepare-se! Assim como o Espírito revelou o mistério de Cristo aos apóstolos e profetas, hoje Ele também revela esse mistério à Sua Igreja. E, infelizmente, é lamentável que muitos cristãos não estejam interessados neste assunto tão fundamental. É claro, ele não tem um título atraente como "Os 5 Passos para a Prosperidade", ou "Os 7 Segredos de uma Vida de Sucesso", ou ainda, algo relacionado ao crescimento do seu ministério e como se tornar uma pessoa cheia de dons e influência. Não que isso seja errado, o problema é que esses temas não deveriam ser prioridades para alguém que é prisioneiro de Cristo, assim como Paulo.

Veja...

Paulo descreve este assunto como algo que não havia sido revelado a homens de outras gerações, mas que, pelo Espírito, os apóstolos e profetas tiveram a revelação deste mistério: por meio de Efraim, os gentios (qualquer pessoa que recebe a Cristo) são coerdeiros, membros do mesmo corpo e participantes da promessa em Cristo Jesus por meio do Evangelho[37]. Isto é maravilhoso!

Eis o mistério de Cristo: pela cruz, gentios e judeus são unidos novamente, e quando isso acontece, Cristo volta. Aleluia!

> [...] O mistério que esteve escondido durante séculos e gerações, mas que agora foi manifestado aos seus santos. A estes Deus quis dar a conhecer a riqueza da glória deste mistério entre os gentios, que é Cristo em vocês, a esperança da glória.
> Cl 1:26-27

---

37  Efésios 3:6

09

# Representações de Israel

### A FILHA DE JAIRO E A MULHER COM FLUXO DE SANGUE

Tanto no Antigo Testamento como no Novo, podemos encontrar profecias, direta ou simbolicamente, representações e histórias sobre as duas Casas de Israel. Algumas destas acontecem em eventos reais, outras por meio de parábolas.

Neste capítulo, vamos analisar duas diferentes histórias sobre milagres descritas por Marcos. A primeira relata a cura da mulher com o fluxo de sangue; a segunda, a ressurreição da filha de Jairo. Veremos que essas duas mulheres estão, simbolicamente, representando Israel (Efraim e Judá).

> [...] E, passando Jesus outra vez num barco para o outro lado, ajuntou-se a ele uma grande multidão; e ele estava junto do mar. E **eis que chegou um dos principais da SINAGOGA**, por nome Jairo, e, vendo-o, prostrou-se aos seus pés. E rogava-lhe muito, dizendo: Minha filha está à morte; rogo-te que venhas e lhe imponhas as mãos, para que sare, e viva. E foi com ele, e seguia-o uma grande multidão, que o apertava.
> Mc 5:21-24 ACF

Jesus se encontrava em um barco. Ao Seu redor, uma grande multidão estava junto ao mar (já conhecemos a promessa acerca da multidão de pessoas como peixes no mar[38]). E, do meio da multidão, surgem duas pessoas.

O primeiro personagem a se aproximar de Jesus é um dos principais da sinagoga: Jairo. Ele faz alusão a Judá (judeus). A sinagoga era justamente o lugar habitual dos judeus. Quando a filha de Jairo está morrendo, prostrado aos pés de Jesus, ele suplica para que sua filha viva. É importante lembrar que a filha de Jairo não estava morta, mas estava morrendo. Ela representa os da sinagoga, os judeus: a Casa de Judá.

> [...] E **certa mulher que, havia doze anos, tinha um fluxo de sangue**, e que **havia padecido muito com muitos médicos, e despendido tudo quanto tinha, nada lhe aproveitando isso, antes indo a pior**; Ouvindo falar de Jesus, **veio por detrás, entre a multidão, e tocou na sua veste. Porque dizia: Se tão-somente tocar nas suas vestes, sararei.** E logo se lhe secou a fonte do seu sangue; e sentiu no seu corpo estar já curada daquele mal. E logo Jesus, conhecendo que a virtude de si mesmo saíra, voltou-se para a multidão, e disse: Quem tocou nas minhas vestes?
> Mc 5:25-30 ACF

Perceba que outra mulher, sofrendo de hemorragia, aparece na história. Esta personagem representa Efraim, a Casa de Israel. Observe: por 12 anos, a mulher permaneceu com o fluxo de sangue, um número que nos remete às 12 tribos. Curiosamente, a filha de Jairo estava com 12 anos. Isso significa que encontraremos evidências simbólicas e contextuais, deixando

---

38  Gn 48:16 *[...] cresçam (Dagah - Peixes) em multidão no meio da terra* – Capitulo 3 "O Israel de Deus – A Bênção Profética".

cada vez mais nítido que a menina representa a Casa de Judá, e a mulher do fluxo de sangue, a Casa de Israel (Efraim).

A mulher havia padecido e passado por muitos médicos, perdendo, assim, tudo que tinha. Mesmo assim, de nada adiantou. Ela só piorava.

Como sabemos, a idolatria aos deuses pagãos levou a Casa de Israel (Efraim) a receber a carta de divórcio do Senhor e, assim, espalharam-se entre as nações, perdendo sua identidade ao se misturar com os gentios pagãos. Os médicos nos quais a mulher do fluxo de sangue buscou a cura simbolizam os "deuses pagãos", que apenas conduziram à piora de tudo.

Ao saber que Jesus estava se aproximando, cercado por uma multidão, a mulher viu a oportunidade única de sua vida. Ela acreditava que se apenas tocasse em Suas vestes, receberia a cura.

Por um determinado tempo, Efraim foi rejeitado por Deus: *"Sem Compaixão"* (Lo-Ruama), *"Não-mais-meu-povo"* (Lo-Ami); eles haviam sido deixados para trás. A mulher do fluxo de sangue, representando as dez tribos do Norte, vem por trás da multidão para tocar nas vestes de Jesus e ser curada.

Embora Marcos não descreva que ela tocou na orla de Suas vestes, esse mesmo acontecimento é narrado por Mateus.

> [...] E eis que uma mulher que havia já doze anos padecia de um fluxo de sangue, chegando por detrás dele, **tocou a orla de sua roupa**.
> Mt 9:20 ACF

Agora veja o que o profeta Zacarias descreve:

> [...] Assim diz o Senhor dos Exércitos: Naquele dia sucederá **que pegarão dez homens, de todas as línguas das nações,**

**pegarão, sim, na orla das vestes de um judeu,** dizendo: Iremos convosco, porque temos ouvido que Deus está convosco.
Zc 8:23 ACF

É incrível a fé desta mulher. Então, eu te pergunto, quem hoje tem fé em Jesus? A Casa de Judá (judeus) ou a Casa de Israel (Efraim – gentios)? Acredito estar bem claro que ela representa a Casa de Israel – Efraim.

E não para por aí. Zacarias já profetizava sobre esse evento, nos mostrando que dez homens de todas as línguas e nações, um dia, tocariam na orla de um judeu; o que nos remete às dez tribos dispersas entre as nações (Efraim), representadas pela mulher com o fluxo de sangue.

Outro fato pontual é que a orla das vestes dos judeus, em hebraico, se chama *tzitzit,* para lembrança dos Dez Mandamentos de Deus. Note que no livro de Números é apresentado este propósito:

> [...] **Fala aos filhos de Israel**, e dize-lhes: Que **nas bordas das suas vestes façam franjas pelas suas gerações**; e nas franjas das bordas ponham um cordão de azul. E as **franjas vos serão para que, vendo-as, vos lembreis de todos os mandamentos do Senhor, e os cumprais; e não seguireis o vosso coração, nem após os vossos olhos, pelos quais andais vos prostituindo**.
> Nm 15:38,39 ACF

Com isso, temos entendimento de que, no momento em que as dez tribos viessem a tocar na orla das vestes do Judeu (Jesus), elas demonstrariam fé. E, a partir de então, iriam viver Seus mandamentos, afastando-se do caminho de prostituição em que estavam.

[...] **E logo Jesus, conhecendo que a virtude de si mesmo saíra**, voltou-se para a multidão, e disse: **Quem tocou nas minhas vestes?** E disseram-lhe os seus discípulos: Vês que a multidão te aperta, e dizes: Quem me tocou? E ele olhava em redor, para ver a que isto fizera. **Então a mulher, que sabia o que lhe tinha acontecido, temendo e tremendo, aproximou-se, e prostrou-se diante dele, e disse-lhe toda a verdade. E ele lhe disse: Filha, a tua fé** te salvou; vai em paz, e sê curada deste teu mal.
Mc 5:30-34 ACF

Em determinado momento, Jesus pergunta quem na **multidão** (gentios) O havia tocado. Repare que Seus discípulos não entendem Seu questionamento, porque era evidente que muitos O tocavam. Mas Jesus não estava falando de um toque qualquer, Ele sabia que vinha de alguém com muita fé, pois dEle tinha saído poder. E quem respondeu? Efraim, a mulher com hemorragia.

A mulher (Efraim, Casa de Israel), temendo e tremendo confessa a verdade, e Jesus lhe diz: "**Filha** *[que em grego significa* θυγάτηρ *– "thugater": filha de Deus, aceitável a Deus, que se regozija no cuidado e* **proteção peculiar de Deus. Uma descendente***]*, **está curada do mal, a tua fé te salvou**"[39].

Nos dias de hoje (Efraim, Igreja), são os que guardam a fé em Jesus, aqueles que foram curados e libertos pelo sangue de Cristo, pois nasceram novamente. E sabemos, também, que hoje Judá não guarda a fé em Jesus, pois Judá está morto. Sim! Sem Jesus, Judá está morto.

---

39   Marcos 5:34 (grifo nosso)

Mas tenha calma, essa história ainda não acabou. Veremos que Judá será mencionado novamente.

> [...] Estando ele ainda falando, chegaram **alguns do principal da sinagoga**, a quem disseram: **A tua filha está morta; para que enfadas mais o Mestre?** Jesus, tendo ouvido estas palavras, **disse ao principal da sinagoga: Não temas, crê somente**. E não permitiu que alguém o seguisse, a não ser Pedro, Tiago, e João, irmão de Tiago. E, tendo chegado à casa do principal da sinagoga, viu o alvoroço, e os que choravam muito e pranteavam. E, entrando, disse-lhes: **Por que vos alvoroçais e chorais? A menina não está morta, mas dorme. E riam-se dele**; porém ele, tendo-os feito sair, tomou consigo o pai e a mãe da menina, e os que com ele estavam, e entrou onde a menina estava deitada. E, tomando a mão da menina, disse-lhe: **Talita cumi**; que, traduzido, é: **Menina, a ti te digo, levanta-te. E logo a menina se levantou, e andava, pois já tinha doze anos**; e assombraram-se com grande espanto.
> Mc 5:35-42 ACF

Neste trecho, temos alguns dos principais da sinagoga (Judá) afirmando: "**A sua filha** *[a mesma palavra usada para a mulher com hemorragia, que significa* θυγάτηρ *– thugater:* <u>filha de Deus</u>*, aceitável a Deus, que se regozija no cuidado e* <u>proteção peculiar de Deus, uma descendente</u>*]* **já está morta**". A menina, que representa a Casa de Judá, sem Jesus, está morta. Porém, Ele diz: "**Não temas, apenas creia**".

Ao chegar na casa, Jesus encontra várias pessoas chorando pela morte da menina. E o que Ele anuncia? "**A menina não está morta, ela apenas dorme**". Aqui está um ponto importante: Jesus afirma que Judá não está morto, está apenas dormindo. Preste bastante atenção, porque se trata de parte fundamental:

conforme estamos acompanhando, a Bíblia nos aponta para uma restauração de ambas as casas, não para uma substituição.

> [...] E os filhos de Judá e os filhos de Israel juntos se congregarão, e constituirão sobre si uma só cabeça, e subirão da terra; porque grande será o dia de Jizreel.
> Os 1:11 ACF

A filha de Jairo (Judá) era para ser atendida antes da mulher com hemorragia (Efraim), pois Jairo havia chegado antes em Jesus. E, como sabemos, Jesus veio e pregou primeiramente para os judeus (os Seus); mas os Seus não O receberam. Neste ínterim, no meio do caminho, surge uma mulher com fluxo de sangue (Efraim/Casa de Israel – gentios). E, como também foi revelado, o Evangelho não é somente para os judeus. Agora, veja que antes de Jesus salvar a filha de Jairo (Judá), Ele cura a mulher com fluxo de sangue (Efraim). E hoje? Qual destes receberam a cura de Cristo? Judá (judeus) ou Efraim (gentios)?

Observe o final desta narrativa, ela irá mostrar o que ainda está por vir.

Quando Jesus declara que a menina estava dormindo e não morta, a reação de todos que estavam presentes foi rir, já que, de fato, a menina estava morta. No entanto, para Jesus ela apenas dormia. Jesus pega a mão da menina, e diz: "Menina, eu te mando, levanta-te!"[40]. A menina levanta e, então, é revelada a idade da menina: 12 anos (nos remetendo para as 12 tribos de Israel). E todos que estavam presentes assombraram-se. Por quê? Porque acreditavam que a menina estava morta.

Você já está entendendo? Vamos lá!

---
40  Marcos 5:41

Esta é uma profecia que está próxima de se cumprir. Por isso, não se espante quando a Casa de Judá (os judeus) começar a crer em Jesus. E isso vai acontecer, pois as duas Casas de Israel caminharão juntas novamente, voltando a formar um só povo.

> [...] Dize-lhes, pois: Assim diz o SENHOR Deus: Eis que eu tomarei os filhos de Israel de entre as nações (gentios ACF) para onde eles foram, e os congregarei de todas as partes, e os levarei para a sua própria terra. Farei deles uma só nação na terra, nos montes de Israel, e um só rei será rei de todos eles. **Nunca mais serão duas nações; nunca mais para o futuro se dividirão em dois reinos**.
> Ez 37:21-22 ARA

> [...] Mas, agora, em Cristo Jesus, vós, que antes estáveis longe [**as duas casas de Israel**], já pelo sangue de Cristo chegastes perto. Porque ele é a nossa paz, o qual de ambos os povos fez um; e, derrubando a parede de separação que estava no meio,
> Na sua carne desfez a inimizade, isto é, a lei dos mandamentos, que consistia em ordenanças, para criar em si mesmo dos dois um novo homem, fazendo a paz,
> E pela cruz reconciliar ambos com Deus em um corpo, matando com ela as inimizades.
> Ef 2:13-16 ACF

Os textos acima são apenas dois exemplos, dentre vários apresentados nas Escrituras, que nos mostram a restauração e a reunificação do Israel de Deus (Efraim e Judá). A Palavra não menciona nenhuma profecia sobre uma separação entre judeus e gentios, como os pré-tribulacionistas e dispensacionalistas acreditam e ensinam Por toda a Bíblia, estão escritas profecias de uma restauração de Israel (Igreja) que é: Efraim (gentios) e Judá (judeus), tendo Cristo como cabeça.

### TESTEMUNHO PESSOAL

Antes de continuarmos, gostaria de compartilhar um testemunho. Reflita...

Enquanto escrevia a parte final deste capítulo, minha esposa estava no período de recuperação do parto da nossa filha, Emma. Praticamente três meses haviam se passado, quando descobrimos que algo de errado estava acontecendo em seu corpo, pois até esse período ela ainda estava sangrando. Isso me pareceu muito estranho, especialmente porque eu estava escrevendo sobre a mulher do fluxo sanguíneo. E, exatamente ao mesmo tempo, durante mais de três meses, minha esposa não parava de sangrar.

Decidimos então ir ao médico. Foi constatado que ela precisaria passar por uma cirurgia, e a data foi imediatamente marcada.

No dia em que ela seria operada, pela manhã, eu finalizei este capitulo do livro, que relata a cura da mulher do fluxo de sangue.

Fomos ao hospital e era chegada a hora da cirurgia. Confesso que nós sequer estávamos pensando em uma possível cura ou milagre, apenas estávamos lá para a cirurgia.

Ao entrar na sala onde o procedimento seria realizado, o médico pega o aparelho e começa a examinar minha esposa. Tudo estava pronto para iniciar a intervenção. Enquanto esperava, eu orava para que tudo corresse bem.

No início do exame, o médico, surpreso, fala: "André, Lucy! Não há motivo para continuarmos o procedimento! O que causou este sangramento foi removido do seu corpo, Lucy. Você não vai sangrar mais".

Ela estava curada.

## ANALOGIA

### FILHA DE JAIRO

| Filha de Jairo | Casa de Judá |
|---|---|
| Jairo estava na multidão junto ao mar. | Gn 48:16 — *Cresçam em multidão [dag – peixes] no meio da terra.* |
| Ela tinha 12 anos. | 12 tribos. |
| Jairo era líder na sinagoga. | Sinagoga nos remete aos judeus. |
| Não estava morta, mas dormindo. | Sem Cristo, os judeus estão dormindo. |
| Espantados ao ver a menina viva. | No fim dos tempos, judeus receberão a Cristo e muitos se espantarão. |

### MULHER COM FLUXO DE SANGUE

| Mulher com fluxo de sangue | Efraim |
|---|---|
| Ela também veio da multidão. | Gn 48:16 — *Cresçam em multidão [dag – peixes] no meio da terra.* |
| 12 anos com a doença. | 12 tribos. |
| Pegarão na orla das vestes de Jesus. | Zc 8:23 — (10 tribos do Norte) tocarão na orla de um judeu. |
| Veio por detrás. | Efraim deixado para trás. (Os 3:23) |

10

# Os Eleitos e os Remanescentes

### OS ELEITOS

Vamos iniciar este capítulo lembrando que as duas Casas de Israel também estão no Novo Testamento. Você pode conferir em Efésios 2 e 1 João 1, mas falaremos sobre isso nos próximos capítulos.

> [...] Pedro, apóstolo de Jesus Cristo, **aos estrangeiros dispersos** no Ponto, **Galácia**, Capadócia, Ásia e Bitínia; **eleitos segundo a presciência de Deus Pai**, em santificação do Espírito, para a **obediência e aspersão do sangue de Jesus Cristo**: Graça e paz vos sejam multiplicadas.
> 1 Pe 1:1-2 ACF

Pedro, o apóstolo de Cristo, começa a escrever sua carta. Veja para quem Pedro está escrevendo: "aos **estrangeiros dispersos** no Ponto, Galácia, Capadócia, Ásia e Bitínia; **eleitos segundo a presciência de Deus Pai**". Você tem ideia de quem são os estrangeiros dispersos na Galácia? Para quem foi escrito o livro de Gálatas? Sem essa compreensão, o entendimento acerca da carta de Pedro pode ficar comprometido. E pior, ela pode ser usada para ensinar princípios diferentes dos que foram apresentados por Pedro.

Para sabermos quem é esse povo, precisamos descobrir quem são **os estrangeiros dispersos, eleitos para obediência e aspersão do sangue de Cristo.**

Ao longo deste livro, temos falado sobre esse povo. Acredito que você saiba quem é o povo que foi disperso e nunca mais voltou, se misturando com povos estrangeiros, perdendo sua identidade, recebendo carta de divórcio. Mais uma vez, a resposta **é Efraim, a Casa de Israel, os gentios**.

Estamos cientes de que, por toda a Bíblia, só existe um povo chamado de **eleito**, povo santo, povo escolhido, ovelhas, oliveira: **Israel** (as 12 tribos).

Naquele momento da história, o povo eleito segundo a presciência de Deus Pai, em santificação do Espírito, para a obediência e aspersão do sangue de Jesus Cristo, havia sido somente Efraim, a Casa de Israel, os gentios. Mas saiba que os eleitos não são apenas a Casa de Israel, visto que, no contexto daquela época, os judeus eram considerados povo de Deus; os gentios (Efraim), não.

O povo eleito para obediência e aspersão do sangue do Messias foi a Casa de Israel, Efraim, os gentios, pois Judá (os judeus), ainda não havia recebido a aspersão do sangue de Cristo (o Messias).

> [...] Para vós outros, portanto, os que credes, é a preciosidade; mas, para os descrentes, a pedra que os construtores rejeitaram, essa veio a ser a principal pedra, angular **e: pedra de tropeço e rocha de ofensa**. São **estes os que tropeçam na palavra, sendo desobedientes**, para o que também foram postos. **Vós, porém, sois raça eleita, sacerdócio real, nação santa, povo de propriedade exclusiva de Deus**, a fim de proclamardes as virtudes daquele que vos chamou das trevas para a sua maravilhosa luz; **vós, sim, que, antes, não éreis povo, mas, agora, sois povo de Deus, que não tínheis alcançado misericórdia, mas, agora, alcançastes misericórdia**.
> 1 Pe 2:7-10 ARA

Como já vimos essa passagem, não iremos examiná-la a fundo, mas nos versículos acima é mencionada a pedra de tropeço. Sabemos que Ele foi pedra de tropeço para ambas as Casas, como descrito em Oseias 8:14-15. Então, Pedro está falando para um povo específico. No versículo 9, ele confirma o que Deus já havia dito em Deuteronômio 7:6 e 14:2 e, no versículo 10, começa a ficar ainda mais claro: quem antes não era povo *(Lo-Ami)*, e agora se torna povo de Deus? Quem antes não tinha alcançado misericórdia *(Lo-Ruamá)*, mas agora a alcança? Isso mesmo! Efraim, a Casa de Israel, o povo eleito.

> [...] Semearei Israel (Jezreel) para mim na terra e compadecer-me-ei da Desfavorecida (Lo-Ruamá); e a Não-Meu-Povo (Lo-Ami), direi: Tu és o meu povo! Ele dirá: Tu és o meu Deus!
> Os 2:23 ARA

De onde Pedro tiraria tudo isso?

Pedro e os escritores do Novo Testamento conheciam a Torá, os Salmos e os Profetas. Algo que deve ser compreendido é que o Novo Testamento não veio para anular o Antigo. O Novo é o Antigo revelado, e o Antigo é o Novo escondido.

Sendo assim, na epístola de Pedro, podemos ver referências ao profeta Oseias acerca de mensagens destinadas à Casa de Israel (Efraim).

## OS DISPERSOS

> [...] Os judeus disseram uns aos outros: "**Aonde pretende ir este homem**, que não o possamos encontrar? **Para onde vive o nosso povo, espalhado entre os gregos**, a fim de ensiná-lo?
> Jo 7:35 NVI

Aqui, os judeus estavam questionando que lugar era esse para onde Jesus iria, e o motivo pelo qual não poderiam ir também. Repare que eles indagam se Jesus estaria indo "para onde vivia o nosso povo, espalhado entre os gregos". E, novamente, judeus estão falando de uma parte de seu povo que foi espalhado e nunca mais voltou. Que povo é esse? Efraim, a Casa de Israel.

> Tiago, servo de Deus e do Senhor Jesus Cristo, **às doze tribos dispersas entre as nações: Saudações.**
> Tg 1:1 NVI

Pense sobre isso: a epístola de Tiago foi escrita para quem? Para Israel, as 12 tribos, Casa de Israel e Casa de Judá, judeus e gentios. Sabe-se que não foi somente para os gentios, mas também para as 12 tribos, e como sabemos, elas são o Israel de Deus.

Tudo está interligado. Não somente as cartas de Pedro, mas os Evangelhos, as cartas de Paulo e Tiago, até Apocalipse. Toda a Bíblia aponta para uma restauração e reunificação de ambas as Casas (judeus e gentios), para que então venha o casamento com o Noivo.

> [...] E subiu Moisés a Deus, e o Senhor o chamou do monte, dizendo: **Assim falarás à casa de Jacó, e anunciarás aos filhos de Israel:** Vós tendes visto o que fiz aos egípcios, como vos levei sobre asas de águias, e vos trouxe a mim. Agora, pois, se diligentemente ouvirdes a minha voz e **guardardes a minha aliança, então sereis a minha propriedade peculiar dentre todos os povos, porque toda a terra é minha. E vós me sereis um reino sacerdotal e o povo santo.** Estas são as palavras que falarás aos filhos de Israel.
> Êx 19:3-6 ACF

Israel é o povo santo e eleito, o reino sacerdotal. Isso nunca foi transferido para outro povo, como alguns acreditam. Os eleitos sempre foram um povo só, Israel; ambas as Casas unidas, Casa de Israel e

Casa de Judá. Mas o que muitos não entendem é que, quando Israel foi dividido, o povo chamado de gentios é, na verdade, a Casa de Israel, Efraim, as 10 tribos perdidas no Norte.

## DOUTRINA DA ELEIÇÃO
## CALVINISMO X ARMINIANISMO

Já que estamos **falando sobre eleição**, precisamos entrar, brevemente, na doutrina da predestinação. O Calvinismo é, claramente, uma doutrina equivocada a respeito da eleição e predestinação, levando à crença de que Deus teria escolhido pessoas aleatoriamente: "Uma vez salvo, para sempre salvo".

A doutrina da eleição e predestinação é simples. No entanto, para entendê-la, precisamos compreender que ela **nada tem a ver com indivíduos, mas com um povo**.

**Deus elegeu Israel como Seu povo peculiar**. Porém, por causa da desobediência, Ele os dividiu e espalhou, **predestinando-os a serem restaurados novamente**; tal reconciliação acontecerá no fim dos tempos, através do sangue do Messias. Essa é a verdade sobre a doutrina da eleição e predestinação.

## OS GENTIOS

[...] Eis que os olhos do Senhor DEUS estão contra este reino pecador, e eu o destruirei de sobre a face da terra; **mas não destruirei de todo a casa de Jacó**, diz o SENHOR. Porque eis que darei ordem, **e sacudirei a casa de Israel entre todas as nações,** assim como se sacode grão no crivo, sem que caia na terra um só grão. Todos os pecadores do meu povo morrerão à espada, os que dizem: Não nos alcançará nem nos encontrará o mal. **Naquele dia tornarei a levantar o tabernáculo caído de Davi, e repararei as suas brechas,**

e tornarei a levantar as suas ruínas, e o edificarei como nos dias da antiguidade.
Am 9:8-11 ACF

Agora, veja o que Tiago (irmão de Jesus) diz em Atos (escrito por Lucas):

[...] Depois disso voltarei e reconstruirei a tenda caída de Davi. Reedificarei as suas ruínas, e a restaurarei, para que o restante dos homens busque o Senhor, e todos os gentios sobre os quais tem sido invocado o meu nome, diz o Senhor, que faz estas coisas.
At 15:16-17 NVI

A que povo estava direcionada a mensagem do apóstolo Paulo? Aos gentios: a Efraim; à Casa de Israel dispersa entre as nações.

[...] **Estou falando a vocês, gentios**. Visto que **sou apóstolo para os gentios, exalto o meu ministério**...
Rm 11:13 NVI

[...] ele fez isto **para tornar conhecidas as riquezas de sua glória aos vasos de sua misericórdia, que preparou de antemão para glória**, ou seja, a **nós, a quem também chamou, não apenas dentre os judeus, mas também dentre os gentios?** Como ele diz em Oseias: "**Chamarei 'meu povo' a quem não é meu povo; e chamarei 'minha amada' a quem não é minha amada**", e: "**Acontecerá que, no mesmo lugar em que se lhes declarou: 'Vocês não são meu povo', eles serão chamados 'filhos do Deus vivo'**. "Isaías exclama com relação a Israel: "**Embora o número dos israelitas seja como a areia do mar, apenas o remanescente será salvo**.
Rm 9:23-27 NVI

Sabemos que Paulo era judeu. Observe o que ele diz: "os quais somos nós, a quem também chamou", afirmando que o Senhor chamou também os judeus. E que não chamou apenas esses, mas também aos gentios, certo? Então, quem são esses gentios aos quais Paulo se refere? "O povo que não era povo, mas que agora é chamado povo de Deus, e amada a que não era amada. E no lugar em que foi dito: Vós não sois meu povo, aí serão chamados filhos do Deus vivo".

É interessante notar a referência de Paulo a Oseias. Perceba que ele não surgiu com ensinamentos sem base; não era um novo método. Todavia, Paulo conhecia as Escrituras o suficiente para entender quem era o povo gentio.

Atente-se ainda quando ele menciona o profeta Isaías e o remanescente que será salvo.

## OS REMANESCENTES

Biblicamente, Deus sempre trabalhou com um povo remanescente; Noé, Josué e Calebe são exemplos disso. Você pode estar se questionando sobre o que é ser um remanescente...

As Escrituras nos mostram que são aqueles que, pela fé, herdam as promessas no lugar dos incrédulos[41]. E, nos exemplos apresentados, nem sempre foram os mais fortes e nem os primeiros.

Assim sendo, nos dias de hoje, quem são os remanescentes? Aqueles que confessam sua fé de que Jesus é o Messias. Independentemente de serem descendentes de Judá (judeus) ou dispersos de Efraim (gentios), é necessário nascer de novo e crer que Cristo é o Redentor. Estes, sim, farão parte do Israel de Deus, dos filhos da promessa.

Na Antiga Aliança, qualquer estrangeiro que se circuncidasse poderia participar das festas e seria aceito como alguém natural da terra de Israel. A partir da Nova Aliança, sabemos que a circuncisão é do coração. Portanto, pela nossa fé em Jesus Cristo seremos aceitos como naturais do Israel de Deus.

---
41  Hebreus 3:19

[...] Porém **se algum estrangeiro se hospedar** contigo e quiser celebrar a páscoa ao Senhor, **seja-lhe circuncidado** todo o homem, e então chegará a celebrá-lá, **e será como o natural da terra**; mas nenhum incircunciso comerá dela. **Uma mesma lei haja para o natural e para o estrangeiro que peregrinar entre vós.**
Êx 12:48-49 ACF

[...] Se aqueles que não são circuncidados obedecem aos preceitos da lei, não serão eles considerados circuncidados? Aquele que não é circuncidado fisicamente, mas obedece à lei, condenará você que, tendo a lei escrita e a circuncisão, é transgressor da lei. **Não é judeu quem o é apenas exteriormente, nem é circuncisão a que é meramente exterior e física. Não! Judeu é quem o é interiormente, e circuncisão é a operada no coração, pelo Espírito, e não pela lei escrita.** Para estes o louvor não provém dos homens, mas de Deus.
Rm 2:26-29 NVI

Assim, chegamos ao seguinte entendimento:

- **Estrangeiros dispersos:** Casa de Israel – Efraim (gentios).

- **Eleitos segundo a presciência de Deus-Pai:** Israel da Promessa.

- **Remanescentes:** Judá e Efraim (gentios) que confessam a Cristo como o Messias.

À vista disso, revelam-se como **eleitos Israel e os remanescentes**, aqueles da **Casa de Judá e Efraim (gentios) que confessam a Cristo como o Messias.**

11

## As Casas de Israel

Israel, também conhecido como Casa de Israel, é composto por 12 tribos. Após a divisão, o reino é dividido em duas partes, Reino do Norte e Reino do Sul, formando então as duas Casas de Israel. É importante entendermos que, após a divisão, o Reino do Norte é quem detém o nome Casa de Israel, mediante a promessa dada a Efraim. O Reino do Sul fica conhecido como Casa de Judá.

### CASA DE ISRAEL (EFRAIM)

- **São as 10 tribos do Reino do Norte.**

- **Efraim se mistura com outros povos.** [...] Efraim é um bolo que não foi virado[42]. Foram levados em cativeiro pela Assíria, dispersos entre as nações até os dias de hoje, e nunca mais voltaram a ser um povo.

- **Eles vivem com os gentios.** [...] Israel foi devorado; agora está entre os gentios como um vaso em que ninguém tem prazer[43]. Perderam sua identidade israelita e se assemelham aos gentios pagãos até hoje.

- **Eles esqueceram o nome de Deus.** [...] Os quais cuidam fazer com que o meu povo se esqueça do meu nome pelos seus sonhos que cada um conta ao seu próximo, assim como seus pais se esqueceram do meu nome por causa de Baal[44].

- **Pessoas frutíferas:** [...] José é um ramo frutífero, uma árvore frutífera junto à fonte; seus ramos se estendem por cima do muro[45].

- **Não conhecem, não compreendem a Lei de Deus e nem a respeitam:** [...] Embora se tenham vendido às nações, agora os ajuntarei, e logo começarão a definhar sob a opressão do rei poderoso. Embora Efraim tenha construído muitos altares para ofertas pelo pecado, eles se tornaram altares para o pecado. Eu lhes escrevi todos os ensinos da minha Lei, mas eles os consideraram algo estranho[46].

- **Nomes atribuídos, são também chamados e conhecidos como:**
  1. Jezreel (Deus semeia), Lo-Ami (Não meu povo), Lo-Ruama (Sem misericórdia), em Oseias 2:23.
  2. "Os de longe", em Daniel 9:7 e Isaías 57:19.

---

43 Oseias 8:8
44 Jeremias 23:27
45 Gênesis 49:22
46 Oseias 8:10-12

3. Têm o testemunho do Messias.
4. Ovelhas perdidas (tanto Efraim como Judá).

A palavra *gentio* não significa Casa de Israel, mas esta Casa foi composta por gentios.

## CASA DE JUDÁ

- **São as duas tribos do Reino do Sul**, Judá e Benjamim.

- **Detêm o reinado e a Lei de Deus**, de acordo com Gênesis 49:10.

- **Não perderam sua identidade israelita**, pois voltaram a ser um povo após o cativeiro babilônico.

- São **"os de perto"**, conforme Daniel 9.

- **Rejeitaram o Messias**.

- Trata-se do **povo judeu**.

- **Ovelhas perdidas** (tanto Efraim quanto Judá).
  [...] Naqueles dias, e naquele tempo, diz o Senhor, **os filhos de Israel virão, eles e os filhos de Judá juntamente; andando e chorando virão, e buscarão ao Senhor seu Deus. Pelo caminho de Sião perguntarão, para ali voltarão os seus rostos**, dizendo: Vinde, e **unamo-nos ao Senhor, numa aliança eterna que nunca será esquecida. Ovelhas perdidas têm sido o meu povo**, os seus pastores as fizeram errar, para os montes as desviaram; de monte para outeiro andaram, esqueceram-se do lugar do seu repouso.
  Jr 50:4-6 ACF

12

# Um Novo Homem

### O PLANO DE DEUS

[...] **Dize, portanto, à casa de Israel**: Assim diz o Senhor DEUS: Não é por respeito a vós que eu faço isto, **ó casa de Israel**, mas pelo **meu santo nome, que profanastes entre as nações** para onde fostes. E eu santificarei o meu grande nome, que **foi profanado entre os gentios, o qual profanastes no meio deles; e os gentios saberão que eu sou o SENHOR**, diz o Senhor DEUS, quando eu for santificado aos seus olhos.

E **vos tomarei dentre os gentios, e vos congregarei de todas as terras, e vos trarei para a vossa terra**.

Então **aspergirei água pura sobre vós, e ficareis purificados**; de todas as vossas imundícias e de todos os vossos ídolos vos purificarei.

E **dar-vos-ei um coração novo, e porei dentro de vós um espírito novo**; e **tirarei** da vossa carne **o coração de pedra**, e vos **darei um coração de carne**.

E **porei dentro de vós o meu Espírito**, e farei que andeis nos meus estatutos, e guardeis os meus juízos, e os observeis.

Ez 36:22-27 ACF

Essa é uma profecia de restauração descrita pelo profeta Ezequiel, afirmando que Deus tomará de volta a Casa de Israel, que foi espalhada entre os gentios. Ele purificará e os fará congregar novamente, estabelecendo, assim, uma nova aliança. Coração e espírito novos; em lugar do coração de pedra, um coração de carne, simbolizando as leis nas tábuas de pedra, agora, nos corações dos homens.

> Mas agora diz o Senhor, que me formou desde o ventre para ser o seu servo, **para trazer Jacó** de volta **e reunir Israel a ele**, porque sou glorificado diante do Senhor, e o meu Deus é a minha força. Sim, ele diz: "Para você, é muito pouco ser o meu servo para **restaurar as tribos de Jacó e trazer de volta o remanescente de Israel**. **Farei também com que você seja uma luz para os gentios**, para que você seja a minha salvação até os confins da terra."
> Is 49:5-6 NAA

Assim como Deus confiou a Ezequiel uma palavra profética sobre a restauração do Reino do Norte (Casa de Israel), Isaías, escolhido por Deus desde o ventre de sua mãe, fala a respeito de seu chamado: reunificar Israel a Deus.

O Senhor acrescenta que Ezequiel fará mais do que restaurar as tribos de Jacó e os remanescentes de Israel, ele será como luz para os gentios (Casa de Israel), e levará a salvação até os confins da Terra (para onde foi espalhada a Casa de Israel).

Deus promete levar salvação a todas as nações. No entanto, a "Luz" que proclamará Sua salvação para o mundo teria que vir de Judá.

> [...] Eu, o Senhor, te chamei em justiça, e te tomarei pela mão, **e te guardarei, e te darei por aliança do povo, e para luz dos gentios.**
> Is 42:6 ACF

## UM NOVO HOMEM

O plano de restauração para Israel vem através da Nova Aliança que está em Cristo Jesus. E, para que façamos parte disso, é necessário nascer de novo.

> [...] Em resposta, Jesus declarou: "Digo a verdade: **Ninguém pode ver o Reino de Deus, se não nascer de novo**".
> Jo 3:3 NVI

> [...] Quanto à antiga maneira de viver, vocês foram ensinados a **despir-se do velho homem**, que se corrompe por desejos enganosos, a serem renovados no modo de pensar e a **revestir-se do novo homem**, criado para ser semelhante a Deus em justiça e em santidade provenientes da verdade.
> Ef 4:22-24 NVI

## POR QUEM JESUS (MESSIAS) VEIO?

Sim, Deus tem um plano de restauração para Israel. Mas por quem Jesus veio? Quem Ele veio salvar?

Primariamente, Cristo veio à Terra com a missão de resgatar os remanescentes de Israel, mas é importante entendermos que Ele também foi (e é) luz para os gentios.

Os remanescentes de Israel eram os judeus que mantiveram a aliança com Deus, os descendentes de Abraão. E, conforme sabemos, os gentios não faziam parte da descendência de Abraão (não eram herdeiros da promessa), e passam a ser israelitas (e herdeiros) ao aceitarem a luz de Cristo.

O plano de Deus para a restauração da humanidade começou em Jesus. Agora, já não somos mais dois povos, mas um só. A partir de então, Ele começa a trazer as ovelhas dispersas (perdidas) da Casa de Israel (Efraim).

> [...] Ele respondeu: "**Eu fui enviado apenas às ovelhas perdidas de Israel**".
> Mt 15:24 NVI

> [...] **Eu sou o bom pastor; conheço as minhas ovelhas; e elas me conhecem**; assim como o Pai me conhece e eu conheço o Pai; e **dou a minha vida pelas ovelhas. Tenho outras ovelhas que não são deste aprisco.** É necessário que eu as conduza também. **Elas ouvirão a minha voz, e haverá um só rebanho e um só pastor.**
> Jo 10:14-16 NVI

> [...] **Caifás, que naquele ano era o sumo sacerdote**, tomou a palavra e disse: "Nada sabeis! Não percebeis que vos é melhor que morra um homem pelo povo, e que não pereça toda a nação". **Ele não disse isso de si mesmo, mas, sendo o sumo sacerdote naquele ano, profetizou que Jesus morreria pela nação judaica, e não somente por aquela nação, mas também pelos filhos de Deus que estão espalhados, para reuni-los num povo.**
> Jo 11:49-52 NVI

## PAULO, O APÓSTOLO DOS GENTIOS

Paulo é chamado de "apóstolo dos gentios". Há quem acredite que seu ministério era apenas aos gentios pagãos, e que não tinha conexão com o povo da antiga aliança, Israel. Porém, ao olharmos atentamente, veremos que a função principal de seu ministério apostólico foi a mesma de Jesus: alcançar as ovelhas perdidas da Casa de Israel.

Ele pertencia à tribo de Benjamim, que era parte da Casa de Judá. Assim, como judeu da cidade de Tarso, foi educado como um fariseu zeloso, com profundo conhecimento sobre as leis judaicas (Torá) e as Escrituras (Antigo Testamento).

Passou parte de sua vida perseguindo seguidores de Cristo. Mas, em determinado momento de sua jornada, Jesus se manifesta a ele, transformando sua vida e trajetória para sempre. Daqui em diante, o perseguidor passa a ser perseguido – por amor a Cristo.

> [...] reconheceram que **a mim havia sido confiada a pregação do evangelho aos incircuncisos,** assim como **a Pedro, aos circuncisos**. Pois Deus, que operou por meio de **Pedro como apóstolo aos circuncisos**, também operou **por meu intermédio para com os gentios**.
> Gl 2:7-8 NVI

Paulo descreve que seu ministério foi confiado para os da incircuncisão (gentios), enquanto o de Pedro, para os da circuncisão (judeus).

> [...] Para isso **fui designado pregador e apóstolo mestre da verdadeira fé aos gentios**. Digo-lhes a verdade, não minto.
> 1Tm 2:7 NVI

> [...] **Estou falando a vocês, gentios. Visto que sou apóstolo para os gentios**, exalto o meu ministério.
> Rm 11:13 NVI

## OS DE LONGE E OS DE PERTO

Se existe algo de que Paulo não se envergonha, é do poder de Cristo em seu ofício ministerial como "apóstolo dos gentios". Veremos que o tema principal de sua mensagem, assim como o da Bíblia, é a restauração de ambas as Casas.

No livro de Romanos, ele nos mostra que Israel foi eleito de forma permanente. De fato, em nenhum trecho das Escrituras, Paulo (ou qualquer outro escritor) afirma que as promessas do Antigo Testamento, feitas a Israel, foram canceladas e transferidas à Igreja.

Contudo, temos evidências em toda a Escritura de que a Igreja é o Israel de Deus. E que as promessas feitas para Israel estão sobre sua descendência [zerah]. Como plenitude dos gentios (Igreja), nós fazemos parte disso.

Sendo judeu, Paulo era também um profundo conhecedor da Torá e das Sagradas Escrituras (Antigo Testamento). Ele sabia sobre as duas Casas de Israel e sua divisão, bem como o plano de restauração que Deus havia estabelecido.

Atente-se que Paulo pregou com base no que o profeta Isaías já havia dito:

> [...] Eu vejo os seus caminhos, e o sararei, e o guiarei, e lhe tornarei a dar consolação, a saber, aos seus pranteadores. Eu crio os frutos dos lábios: paz, **paz, para o que está longe; e para o que está perto, diz o Senhor, e eu o sararei.**
> Is 57:18-19 ACF

Aqui, Isaías fala sobre dois povos: os que estão longe e os de perto. Ambos serão guiados por um processo de cura e consolação, em que o próprio Deus trará paz aos que estão longe e cura para os que estão perto.

No capítulo 6 do livro de Oseias, também há referência sobre aqueles que foram despedaçados e serão sarados, os que foram feridos e serão curados. Eles ressuscitarão no segundo dia e, no terceiro dia, serão levantados para viver diante de Deus. E por conhecermos o contexto de Oseias, sabemos que ele está falando sobre as duas Casas de Israel, Efraim e Judá.

Desse modo, quem são "os de longe e os de perto" de quem a Bíblia fala?

**Os de longe:** Casa de Israel (Efraim), que foi predestinada por Deus a ser semeada entre as nações, sendo abandonada por ter se corrompido, adorando a deuses pagãos e desistindo da Lei de Deus, tornando-se "não mais meu povo" e "sem misericórdia". O incrível é que, através dessa semente, veio a plenitude dos gentios.

**Os de perto:** Casa de Judá, que manteve fiel a sua aliança com Deus.

Como dito, o Novo Testamento teve como base as Escrituras Sagradas que, naquele tempo, eram a Lei, Salmos e Profetas. O fundamento do que os discípulos e Paulo escreveram encontra-se na parte da Bíblia que, talvez, seja a menos pregada nos dias atuais, salvo quando para contar alguma historinha ou mensagem motivacional, para trazer exemplos de vencedores para os dias de hoje. Porém, muito mais do que isso, o Antigo Testamento é o Novo escondido; e o Novo, o Antigo revelado.

Paulo tinha conhecimento desse princípio descrito por Isaías. Baseado nisso, ele também escreveu sobre "os que estão longe e os que estão perto".

> [...] Portanto, lembrai-vos de que, outrora, vós, **gentios na carne, chamados incircuncisão por aqueles que se intitulam circuncisos [judeus], na carne, por mãos humanas, naquele tempo, estáveis sem Cristo, separados da comunidade de Israel e estranhos às alianças da promessa, não tendo esperança e sem Deus no mundo.**
> **Mas, agora, em Cristo Jesus, vós,** que antes **estáveis longe, fostes aproximados pelo sangue de Cristo.**

> Porque ele é a nossa paz, **o qual de ambos fez um**; e, tendo **derribado a parede da separação que estava no meio, a inimizade**, aboliu, na sua carne, a lei dos mandamentos na forma de ordenanças, **para que dos dois criasse, em si mesmo, um novo homem, fazendo a paz**, e **reconciliasse ambos em um só corpo com Deus, por intermédio da cruz, destruindo por ela a inimizade**. E, vindo, evangelizou paz a vós outros que estáveis longe e paz também aos que estavam perto; porque, **por ele, ambos temos acesso ao Pai em um Espírito**.
> Assim, **já não sois estrangeiros e peregrinos, mas concidadãos dos santos, e sois da família de Deus,** edificados sobre o fundamento dos apóstolos e profetas, sendo ele mesmo, Cristo Jesus, a pedra angular; no qual todo o edifício, bem ajustado, cresce para santuário dedicado ao Senhor, **no qual também vós juntamente estais sendo edificados para habitação de Deus no Espírito**.
> Ef 2:11-22 ARA

Agora, o sangue de Cristo aproxima os que estavam longe, e faz de ambos um só povo novamente, reconciliando-os em um só corpo com Deus, eliminando toda separação e inimizade para que, de dois, criasse um novo homem.

Infelizmente, por não saberem sobre as duas Casas de Israel, muitas pessoas acreditam que as 70 semanas descritas por Daniel estão direcionadas apenas aos judeus (Casa de Judá). O perigo dessa interpretação errônea é sua margem para doutrinas pré-tribulacionistas, de um arrebatamento não descrito pela Bíblia.

Leia com atenção esta passagem que nos ensina sobre as 70 semanas de Daniel:

> [...] A ti, ó Senhor, pertence a justiça, mas a nós a confusão de rosto, como hoje se vê; aos **homens de Judá**, e aos moradores de Jerusalém, e a **todo o Israel**, **aos de perto e aos de longe**, em todas as terras por onde os tens lançado, por causa das suas rebeliões que cometeram contra ti.
> Dn 9:7 ACF

Em momento algum Daniel afirma que esse povo se limita apenas aos judeus. Em vez disso, claramente, ele nos mostra que esse povo é composto por **Judá (judeus) e todo o Israel**, Efraim e Judá, os de longe e os de perto. Assim dizendo, nós (gentios) também somos Israel. A Igreja representa Efraim.

Uma observação importante: a palavra *gentio* não se refere somente a Efraim (Casa de Israel), mas Efraim (Casa de Israel) se espalhou entre os gentios, se tornando parte deles, se misturando a eles.[47]

É importante a compreensão de que, após a divisão dos reinos, todas as promessas feitas a Efraim, ou à Casa de Israel, Casa de Jacó e Casa de José, são promessas para nós, a Igreja.

A Igreja (Efraim – gentios – os que estavam longe) é Israel, tanto fisicamente como espiritualmente, pois, como novo homem, nascemos de novo mediante a nova aliança que está em Cristo Jesus. Com isso, nos tornamos descendentes (*zerah*) de Abraão na carne, já que a promessa feita a ele foi destinada, também, à sua descendência (*zerah*), que é Cristo[48]. Agora, mediante a fé em Jesus Cristo, a promessa é concedida aos que creem[49].

Portanto, o Israel de Deus não são os da carne, e sim, os da promessa.

> [...] Porque **nem todos os de Israel são, de fato, israelitas; nem por serem descendentes de Abraão são todos seus filhos**; mas em **Isaque será chamada a tua descendência**. Isto é, estes **filhos de Deus não são propriamente os da carne**, mas devem ser considerados como descendência **os filhos da promessa**.
> Rm 9:6-8 ARA

---

47  Ezequiel 37:21
48  Gálatas 3:16
49  Gálatas 3:22b

13

# O Filho Perdido

Neste capítulo, vamos examinar três parábolas que estão interligadas entre si:

1. A Parábola da Ovelha Perdida.
2. A Parábola da Dracma Perdida.
3. A Parábola do Filho Perdido (conhecida como: A parábola do filho pródigo).

A Parábola do Filho Perdido, narrada em Lucas 15, normalmente é usada para fazer alusão àqueles que se encontram "desviados, perdidos ou afastados" do Senhor. Acredito que possamos, sim, usar essa passagem para tal contexto; mas a pergunta é: será que esse foi o verdadeiro significado que Cristo atribuiu a essa parábola? Ou será que havia uma mensagem profética contida nela?

Da mesma maneira que acreditamos nos profetas e em suas profecias, sabemos que Cristo foi o maior de todos os profetas que viveu na Terra. Cada detalhe de Sua vida carregava uma mensagem profética. E isso inclui, é claro, Suas parábolas.

Para compreendermos a mensagem profética contida na Parábola do Filho Perdido, precisamos observar seu contexto. Assim, chegaremos à conclusão de que tanto a Parábola do Filho Perdido como a da Ovelha Perdida, além da Dracma Perdida, nos trazem uma única mensagem, que Cristo dividiu em três parábolas. Perceba que elas estão, inclusive, interligadas no mesmo capítulo.

Lucas relata que Jesus estava com publicanos e pecadores, enquanto os fariseus e escribas reclamavam, dizendo que Ele não deveria comer com essas pessoas. Aqui, já podemos identificar para quem Jesus direcionava essas parábolas: publicanos, pecadores, fariseus e escribas.

A primeira parábola mencionada é:

### 1. A OVELHA PERDIDA

> [...] Então Jesus lhes contou esta parábola: "Qual de vocês que, possuindo **cem ovelhas**, e perdendo uma, não **deixa as noventa e nove no campo e vai atrás da ovelha perdida, até encontrá-la**? E quando a encontra, coloca-a alegremente sobre os ombros e vai para casa. Ao chegar, **reúne seus amigos e vizinhos e diz: 'Alegrem-se comigo, pois encontrei minha ovelha perdida'**. Eu lhes digo que, da mesma forma, **haverá mais alegria (júbilo) no céu** por um pecador que se arrepende do que por noventa e nove justos que não precisam arrepender-se".
> Lc 15:3-7 NVI

Um certo homem tinha 100 ovelhas. Ao perder uma delas, ele deixa no deserto as 99 e vai em busca daquela que se perdeu. Então, te pergunto: quem foi a ovelha perdida a qual Cristo veio resgatar? Como sabemos, Efraim se perdeu dentre os povos e Cristo veio para resgatá-la dentre os gentios.

Ao encontrar a ovelha perdida, com alegria ele a leva para casa. E, assim como na volta do filho pródigo, esse homem reúne seus amigos e vizinhos e faz uma grande festa para a ovelha que havia se perdido. E termina dizendo que há mais júbilo no céu por um pecador que se arrepende do que por 99 justos que não necessitam de arrependimento. (**Quem é a ovelha perdida que se arrepende? Efraim**).

## 2. A DRACMA PERDIDA

A segunda é a da **Dracma Perdida**. Note a continuidade da parábola através do conectivo utilizado ("ou"):

> [...] "Ou, qual é a mulher que, **possuindo dez dracmas e, perdendo uma** delas, não **acende uma candeia, varre a casa e procura atentamente, até encontrá-la?** E quando a encontra, **reúne suas amigas e vizinhas e diz: 'Alegrem-se comigo, pois encontrei minha moeda perdida'**. Eu lhes digo que, da mesma forma, **há alegria (júbilo) na presença dos anjos de Deus por um pecador que se arrepende**".
> Lc 15:8-10 NVI

Na história da ovelha perdida, havia 100 ovelhas, mas apenas uma se perdeu. Agora, essa mulher possuía dez dracmas e apenas uma foi perdida. Ainda assim, ela sai à procura até encontrá-la. Quando a encontra, o que ela faz? Assim como na parábola da Ovelha Perdida, ela reúne as amigas e vizinhas e se alegra, porque achou a dracma que estava perdida.

A parábola da Ovelha Perdida é finalizada descrevendo regozijo no céu. Assim também a da Dracma Perdida: há alegria (júbilo) diante dos anjos de Deus[50].

Com esse contexto em mente, vamos à parábola do Filho Perdido, mais conhecida como Filho Pródigo.

### 3. O FILHO PERDIDO

Ao ler essa história, percebemos que jamais foi dito que esse filho era pródigo. No entanto, Jesus menciona um filho que **havia se perdido**: o filho que estava morto e reviveu, o que estava **perdido e foi achado**[51]. Assim como a ovelha e a dracma perdidas, há o filho perdido.

> [...] Jesus **continuou**: "Um homem tinha dois filhos. O mais novo disse ao seu pai: 'Pai, quero a minha parte da herança'. Assim, ele repartiu sua propriedade entre eles. Não muito tempo depois, o filho mais novo reuniu tudo o que tinha, e foi para uma região distante; e lá desperdiçou os seus bens vivendo irresponsavelmente. Depois de ter gasto tudo, houve uma grande fome em toda aquela região, e ele começou a passar necessidade. Por isso foi empregar-se com um dos cidadãos daquela região, que o mandou para o seu campo a fim de cuidar de porcos. Ele desejava encher o estômago com as vagens de alfarrobeira que os porcos comiam, mas ninguém lhe dava nada".
> Lc 15:11-16 NVI

Olhe quão profética é essa parábola.

---

50  Lucas 15:10
51  Lucas 15:24

O texto nos apresenta dois filhos (duas Casas de Israel), em que o mais novo (Casa de Israel – Efraim, o "mais novo" "em termos naturais") pede ao pai sua parte da herança. Ao recebê-la, ele decide morar em outro lugar, onde desperdiça todos os seus bens, vivendo perversamente, sem qualquer regra ou princípio.

Em Jeremias 3:7-11, temos a história da Casa de Israel, que recebeu carta de divórcio. Assim como o filho que se perdeu, ele recebe sua parte da herança e vai embora para outra terra. A carta de divórcio foi dada à Casa de Israel, que também pegou sua parte da herança e foi embora, deixando para trás sua casa e seu pai.

Você consegue ver o quão extraordinário é o paralelo que há nessas histórias?

Ao dispor de sua herança e desperdiçá-la, o filho chegou a um nível de miséria tão grande que sequer conseguiu viver como o menor dos empregados da casa de seu pai. E, a partir de então, começou a passar por necessidades tão intensas que chegou a desejar comer a comida destinada aos porcos; mas nem isso lhe era concedido.

Sem o pai, o filho vive completamente perdido, chegando à miséria. Perceba que Jesus faz essa ilustração usando um porco como exemplo. Um animal cuja carne era considerada impura como alimento, sendo proibida e abominada pelas Escrituras[52].

Do mesmo modo, ao se prostituir com outros deuses, a Casa de Israel se afasta da casa do Pai, se perdendo entre os gentios.

> [...] Caindo em si, ele disse: 'Quantos empregados de meu pai têm comida de sobra, e eu aqui, morrendo de fome! Eu me porei a caminho e voltarei para meu pai, e lhe direi: Pai, pequei contra

---

52  Isaías 66:17

> o céu e contra ti. Não sou mais digno de ser chamado teu filho; trata-me como um dos teus empregados'.
> Lc 15:17-19 NVI

O filho cai em si, se arrepende e surge o desejo de retornar à casa de seu pai, onde há fartura de pão, já que se permanecesse sem alimento, morreria. O pão, aqui, está relacionado ao "alimento espiritual", pois Jesus é o pão vivo que desceu do céu – e a sua Palavra é o pão que nos alimenta.

A conexão dessa história com as duas Casas de Israel é nítida e pode ser vista em alguns exemplos:

- **Eles são irmãos e estavam juntos**: as 12 tribos reunidas em Jerusalém.

- **O irmão mais novo se dispersa e vai para longe**: Efraim – Casa de Israel – passa a habitar fora de Jerusalém, misturada entre outros povos e culturas.

- **Ele perde toda sua herança ao viver de uma maneira desagradável**: Efraim se espalha entre os povos, se prostitui e com isso sua identidade é perdida e também seu temor para com Deus e suas práticas bíblicas. Agora, são conhecidos como gentios [*goyim*], ou estrangeiros.

Neste momento, essa parábola chega a um ponto importante: o retorno do irmão mais novo à casa do pai.

Meu amigo, veja o quão profético isso é! Claramente, Jesus nos mostra que essa história é uma profecia de restauração, e que as tribos dispersas voltarão para o Senhor.

[...] A seguir, levantou-se e foi para seu pai. "Estando ainda longe, seu pai o viu e, cheio de compaixão, correu para seu filho, e o abraçou e beijou. "O filho lhe disse: 'Pai, pequei contra o céu e contra ti. Não sou mais digno de ser chamado teu filho'. "Mas o pai disse aos seus servos: 'Depressa! Tragam a melhor roupa e vistam nele. Coloquem um anel em seu dedo e calçados (sandálias) em seus pés. Tragam o novilho gordo e matem-no. Vamos fazer uma festa e comemorar. Pois este meu filho estava morto e voltou à vida; estava perdido e foi achado'. E começaram a festejar.
Lc 15:20-24 NVI

Nesses versículos, há relação com Oseias 2:6-7, em que a Casa de Israel, ao abandonar o Senhor, passou por momentos terríveis. Mas o incrível é que, em determinado momento, Efraim se arrepende e decide voltar para seu primeiro marido (Cristo).

Quando o filho perdido avista o pai, ele confessa seu pecado e se arrepende. E o que acontece quando Jesus vem para resgatar aqueles que estavam perdidos? Surge a plenitude dos gentios. O filho perdido (Efraim – Casa de Israel) voltando para a casa do Pai, confessando seus pecados e aceitando a Cristo novamente.

Você se lembra do que aconteceu quando a ovelha e a dracma perdidas foram encontradas? Houve júbilo no céu. E o que acontece com o filho perdido ao voltar para casa? O Pai prepara uma festa: "pois este meu filho estava morto e voltou à vida, estava perdido e foi achado"[53]. Além disso, o Pai lhe entrega vestes e sandálias novas, e coloca nele um anel.

Observe comigo:

---

53 Lucas 15:24

- **As vestes** representam as obras: tirando as roupas velhas (as más obras) e colocando roupas novas (o novo nascimento em Cristo).

- **As sandálias** representam um novo caminhar (viver): o filho perdido andou fora do caminho, ignorando os mandamentos de Deus e vivendo uma vida promíscua. Agora, irá caminhar de forma reta novamente.

- **O anel** representa a aliança que Deus fez com Abraão: renovada por meio da fé em Jesus Cristo.

- **O bezerro cevado:** o pai mandou matar o bezerro cevado, o qual foi nutrido e preparado para ser morto, simbolizando a missão de Jesus. Houve derramamento de sangue inocente e arrependimento, e a aliança foi renovada. Tudo o que Jesus veio fazer na Terra.

Atente-se a algo: quem está voltando para o pai não é Judá, mas Efraim, o filho que estava perdido, a "ovelha perdida". Fazendo, também, um paralelo com a história dos dez leprosos que foram curados, em que apenas um voltou para agradecer: o samaritano (Samaria, Capital Reino do Norte – Efraim – Casa de Israel). E o que houve com esse que voltou para agradecer? Sim, além de ser curado, foi salvo. Jesus diz: "vai; a tua fé te salvou"[54].

E quanto a Judá? A Bíblia nos mostra que, assim como a Casa de Israel, Judá também está perdida. Contudo, recorde-se de que, na parábola da Ovelha Perdida, a ovelha se perde fora do rebanho; já na parábola da Dracma Perdida, a dracma é perdida dentro da

---

54  Lucas 17:17

casa. Isso demonstra que há dois filhos que estão perdidos: um foi embora de casa (a ovelha que se perdeu fora) e se prostituiu com outros deuses, e o outro, que ficou em casa (dracma que se perdeu dentro), e não voltou seu coração por completo para seu pai, agindo com falsidade.[55]

> [...] Enquanto isso, o filho mais velho estava no campo. Quando se aproximou da casa, ouviu a música e a dança. Então chamou um dos servos e perguntou-lhe o que estava acontecendo. Este lhe respondeu: 'Seu irmão voltou, e seu pai matou o novilho gordo, porque o recebeu de volta são e salvo'. "O filho mais velho encheu-se de ira, e não quis entrar. Então seu pai saiu e insistiu com ele. Mas ele respondeu ao seu pai: 'Olha! todos esses anos tenho trabalhado como um escravo ao teu serviço e nunca desobedeci às tuas ordens. Mas tu nunca me deste nem um cabrito para eu festejar com os meus amigos. Mas quando volta para casa esse seu filho, que esbanjou os teus bens com as prostitutas, matas o novilho gordo para ele!' "Disse o pai: 'Meu filho, você está sempre comigo, e tudo o que tenho é seu. Mas nós tínhamos que comemorar e alegrar-nos, porque este seu irmão estava morto e voltou à vida, estava perdido e foi achado'".
> Lc 15:25-32 NVI

Foi exatamente como aconteceu. O pai prepara uma festa, pois o filho que se perdeu volta arrependido (Efraim – Casa de Israel). Porém, o filho que ficou na casa (Casa de Judá) também estava perdido e, assim, ao invés de se alegrar com o irmão que estava de volta, teve seu coração tomado por inveja e ciúme. Podemos fazer um paralelo com Jeremias 3:7-11, em que vemos referência a duas irmãs, "Casa de Israel e Casa de Judá". Uma se prostituiu com

---

55 Jeremias 3:8-10

outros deuses, desviou-se, recebeu carta de divórcio e foi embora de casa (assim como o filho perdido). A outra permaneceu (filho que ficou na casa do pai), mas com falsidade e fingimento, pois seu coração estava tão longe quanto o daquela que tinha ido embora.

> [...] "Viu também que dei à infiel Israel uma certidão de divórcio e a mandei embora, por causa de todos os seus adultérios. Entretanto, a sua irmã Judá, a traidora, e também se prostituiu, sem temor algum. E por ter feito pouco caso da imoralidade, Judá contaminou a terra, cometendo adultério com ídolos de pedra e madeira. Apesar de tudo isso, sua irmã Judá, a traidora, não voltou para mim todo o coração, mas sim com fingimento", declara o Senhor. O Senhor me disse: "Israel, a infiel, é melhor do que Judá, a traidora".
> Jr 3:8-11 NVI

Nesta hora, estamos presenciando a inveja no coração do filho que ficou. Você sabe quando isso começou? Esse sentimento surge em Judá quando Jesus vem para o que era Seu (Judá), e os Seus (Casa de Judá) não O receberam. Mas a todos (gentios – Efraim) quantos O receberam, deu-lhes o direito de se tornarem filhos de Deus, ou seja, aos que creem no Seu nome, os quais não nasceram do sangue (quem era descendente de sangue? A Casa de Judá), nem da vontade da carne (Judá), nem da vontade do homem, mas de Deus[56].

Então, o Evangelho é aceito pelos gentios, conforme é possível observar no livro de Atos, onde claramente vemos as desavenças entre judeus e gentios, permanecendo até os dias de hoje.

> [...] naquele dia o Senhor tornará a pôr a sua mão para adquirir outra vez o remanescente do seu povo, que for deixado,

---

56  João 1:11-13. (parênteses nossos)

da Assíria, e do Egito, e de Patros, e da Etiópia, e de Elã, e de Sinar, e de Hamate, e das ilhas do mar. E levantará um estandarte entre as nações, e ajuntará os desterrados de Israel, e os dispersos de Judá congregará desde os quatro confins da terra. E afastar-se-á a inveja de Efraim, e os adversários de Judá serão desarraigados; Efraim não invejará a Judá, e Judá não oprimirá a Efraim.
Is 11:11-13 ACF

Você pode estar se questionando: "Mas não é Judá que tem inveja de Efraim?". Sim. Antes, reflita sobre isso: por que o filho pediu sua herança e foi embora?

A narrativa bíblica nos mostra que havia uma disputa entre os dois irmãos, e que existia inveja da parte de Efraim para com Judá. Isso não era à toa, mas sim, porque Judá oprimia Efraim. Ou seja: o irmão mais novo sai de casa porque está sendo oprimido pelo mais velho.

Tal disputa é evidenciada quando Israel é dividido em dois reinos, o Reino do Sul e o Reino do Norte. O Reino do Norte havia saído de Jerusalém, mas eles se recusaram a permanecer adorando a Deus em Jerusalém, causando inveja e criando outros deuses e outro local de adoração. Inicia-se, assim, uma disputa entre os irmãos sobre qual seria o local correto para adoração.

Você se recorda da passagem da mulher samaritana? A pergunta que ela faz para Jesus sobre o local em que deveria adorar a Deus?

Vejamos...

Jesus sai da Judeia e passa por uma cidade samaritana chamada Sicar. Como sabemos, Samaria é a região de Efraim (gentios). Ao chegar a esse local, havia ali a fonte de Jacó (Israel), e uma mulher samaritana vem para tirar água da fonte. Jesus então inicia um diálogo com ela pedindo água para beber. Imediatamente, a mulher argumenta que Ele não poderia falar-lhe, já que judeus não se davam com samaritanos (Samaria era a capital de Efraim – Casa de Israel). Aqui, podemos ver um dentre vários episódios da Bíblia em que judeus não se dão bem com samaritanos (Efraim – Casa de Israel; gentio).

Nesse diálogo, a mulher menciona Jacó (Israel) como seu pai. Mas ela não é samaritana? Como Jacó (Israel) seria seu pai? Para fazer uma afirmação como essa, ela precisaria ser judia; ou será que ela está correta? Será que alguém que não é de Judá pode ter Jacó como pai?

Bem, ela estava certa. Sim, ela era samaritana (Efraim – Casa de Israel), mas eles também são filhos de Jacó, pois ao proferir a bênção profética antes de sua morte, ele chama José e seus filhos, Efraim e Manassés e, a partir daquele momento, eles passam a ser filhos de Jacó, assumindo a herança. Com isso, Efraim assume a primogenitura.

Portanto, sim, Jacó é pai para Efraim (Casa de Israel – samaritanos), tanto é que Jesus não anula a afirmação feita por essa mulher, pois Ele sabia que estava correta.

Assim como o filho perdido volta para o pai, pois precisava se alimentar, senão morreria, a mulher estava indo até a fonte porque estava com sede. Jesus diz: "Se você soubesse o que Deus pode dar e quem é que está lhe pedindo água, você pediria, e ele lhe daria a água da vida, e para sempre sua sede seria saciada[57]". E ela, sedenta, suplica pela água.

Jesus então muda o tom da conversa, pedindo para que ela chame seu marido. E o que ela responde? "Não tenho marido". Então

---

57   João 4:10

Ele revela: "Falaste a verdade, pois já teve cinco, e esse que agora tens não é teu marido"[58].

Quem foi casada e recebeu carta de divórcio? Novamente, a resposta é Efraim, aqui representada pela mulher samaritana que, após o divórcio, teve outros maridos. Você se lembra do que aconteceu com Efraim? Relacionou-se com outros deuses (maridos).

E para finalizarmos o raciocínio dessa história: a mulher reconhece que Jesus é profeta e responde para o Senhor que seus pais adoravam naquele monte (quem eram os pais de seu povo? Jacó/Israel). Ela alega também que, de acordo com os judeus, o lugar para adorar é Jerusalém. Você consegue ver a disputa desses dois irmãos o tempo todo? Efraim e os judeus discordavam até mesmo sobre o lugar para adoração.

Jesus diz que não é em Jerusalém e nem em Samaria, assim, não se trata de um lugar terreno. "Mas vem a hora e já chegou": Ele é a hora que havia chegado. "Os verdadeiros adoradores adorarão ao Pai em espírito e em verdade": não somente os judeus, mas também os gentios.

Repare que a samaritana (Efraim), segundo o que ela mesma diz, estava aguardando a vinda do Messias, o Libertador. Então não eram somente os judeus da Casa de Judá que esperavam pelo Messias, os gentios dispersos da Casa de Efraim também o aguardavam.

E Jesus fala: "Eu sou o Messias, o Cristo a quem vocês esperam"[59].

> [...] Então eu pergunto: será que eles tropeçaram para que caíssem? De modo nenhum! Mas, pela transgressão deles, a salvação chegou aos gentios, para fazer com que os judeus ficassem com ciúmes.
> Rm 11:11 NAA

---

58   João 4:18
59   João 4:26

Primeiro, veio o ciúme de Efraim para com Judá, por causa da opressão sofrida. Contudo, após a chegada de Cristo, tem início a reconciliação entre Efraim e Jesus, pois pela transgressão de Efraim veio a salvação aos gentios.

Atualmente, o povo judeu, assim como o irmão que estava dentro da casa, ainda está perdido: ainda segue os mesmos princípios do Antigo Testamento, agora por ritual e não de coração. Porque estavam com o Pai (Jesus) e não O reconheceram como o Messias. Mas virá o dia em que esses retornarão e, junto com seu irmão (Efraim), irão formar novamente uma só Casa: o Israel de Deus.

> [...] Irmãos, não quero que ignorem este mistério, para que não se tornem presunçosos: Israel experimentou um endurecimento em parte, até que chegasse a plenitude dos gentios. E assim todo o Israel será salvo, como está escrito: "Virá de Sião o redentor que desviará de Jacó a impiedade. E esta é a minha aliança com eles quando eu remover os seus pecados". Quanto ao evangelho, eles são inimigos por causa de vocês; mas quanto à eleição, são amados por causa dos patriarcas, pois os dons e o chamado de Deus são irrevogáveis. Assim como vocês, que antes eram desobedientes a Deus mas agora receberam misericórdia, graças à desobediência deles, assim também agora eles se tornaram desobedientes, a fim de que também recebam agora misericórdia, graças à misericórdia de Deus para com vocês. Pois Deus colocou todos sob a desobediência, para exercer misericórdia para com todos.
> Rm 11:25-32 NVI

14

## A Mais Bela História de Amor

Antes de falarmos sobre a mais bela história de amor, quero fazer uma pequena introdução. Reflita e veja quão maravilhosos são os planos de Deus e se aventure comigo neste romance.

> [...] Portanto, diga: Assim diz o Senhor Deus: "Embora eu os tenha expulsado para o meio das nações e embora eu os tenha espalhado por outras terras, eu lhes servirei de santuário, por um pouco de tempo, nas terras para onde foram." Por isso, diga: Assim diz o Senhor Deus: "Eu os ajuntarei do meio dos povos, e os recolherei das terras por onde foram espalhados, e lhes darei a terra de Israel. Voltarão para ali e tirarão dela todos os seus ídolos detestáveis e todas as suas abominações. Eu lhes darei um só coração, e porei um espírito novo dentro deles; tirarei deles o coração de pedra e lhes darei coração de carne.
> Ez 11:16-19 NAA

Deus espalhou a Casa do Norte de Israel (Efraim) pelos quatro cantos da Terra. Nessa passagem, está escrito que Deus traria de volta o povo disperso e o ajuntaria, novamente, para Ele. A questão é: como Deus resgatará esse povo?

Saiba que o Senhor tinha um plano preestabelecido. Nada disso foi uma novidade ou surpresa. Ele espalhou Seu povo para que pudesse vir a *plenitude dos gentios* e todos os povos da Terra fossem alcançados. E o incrível é que Jesus foi o enviado de Deus para buscar o povo que estava longe, e trazê-lo para perto novamente.

Venha comigo e veja como Jesus fez isso acontecer e maravilhe-se com essa história!

> [...] Tenho outras ovelhas que não são deste aprisco. É necessário que eu as conduza também. Elas ouvirão a minha voz, e haverá um só rebanho e um só pastor.
> Jo 10:16 NVI

Jesus está conversando com o povo judeu, a Casa de Judá e, nesse diálogo, Ele descreve outras ovelhas que não são daquele aprisco. De qual aprisco Jesus estaria falando? Do povo que não era judeu, mas que também era ovelha, que estava perdido e precisava ser recuperado: a Casa de Israel (Efraim). "Pois me convém trazê-los de volta, e elas ouvirão a minha voz, e haverá um rebanho e um pastor"[60].

Você consegue ver como tudo está interligado de forma perfeita?

Talvez você esteja pensando onde se encaixaria João 3:16, já que esse versículo tão conhecido afirma que Jesus veio para salvar o mundo.

A questão é que, sim, Ele veio para o mundo todo. No entanto, lembre-se de que a Casa de Israel (Efraim – duplamente frutífero) foi enviada para as nações, a fim de que todos os povos da Terra pudessem ser alcançados. Porém, eles se perderam dentre os povos e abandonaram sua fé e seus princípios.

Para que você tenha pleno entendimento sobre isso, veremos uma das profecias mais incríveis do Novo Testamento: Caifás, o sumo sacerdote naquele ano, inspirado pelo Espírito Santo, profetizou que Jesus morreria pela nação, o Israel judeu do primeiro século. "E não apenas para aquela nação (Casa de Judá – povo judeu), mas também

---
60  João 10:16

para que Ele reunisse em um só corpo os filhos de Deus que estavam dispersos"[61]. E quem são os filhos de Deus que estão dispersos?

> [...] E **Caifás**, um deles que era **sumo sacerdote naquele ano**, lhes disse: Vós nada sabeis, nem considerais que nos convém que um homem morra pelo povo, e que não pereça toda a nação. Ora ele não disse isto de si mesmo, mas, **sendo o sumo sacerdote naquele ano, profetizou** que **Jesus devia morrer pela nação. E não somente pela nação, mas também para reunir em um corpo os filhos de Deus que andavam dispersos.**
> Jo 11:49-52 ACF

Não tem como fingir que não estamos entendendo. O problema é quando buscamos ao Senhor apenas para satisfazer nossas emoções, sucessos e conquistas. É exatamente por isso que não conhecemos a Palavra como ela realmente é, pois achamos que somos o centro de tudo. A única verdade é que tudo é sobre Jesus, e quando tiramos nosso "eu" do primeiro plano, focando em conhecê-lo, passamos a ver coisas que nunca tínhamos visto antes, e entender mistérios que não são revelados a todos. Sabe por quê? Porque agora o centro é Jesus e não mais as nossas necessidades. Esse é o profeta, aquele que se importa com Jesus mais do que se importa com sua vida motivacional. Você consegue ver? Isso está em toda parte, em todas as histórias, tanto no Antigo quanto no Novo Testamento. Até mesmo Caifás, o sumo sacerdote, profetizou que Jesus não morreria apenas pelo povo judeu, mas também pelos filhos de Deus espalhados na Terra, os quais já constatamos, pelos diversos versículos bíblicos, tratar-se da Casa de Israel – Efraim; as ovelhas perdidas.

Quero te motivar a conhecer Jesus por quem Ele é, e não somente pelo que pode fazer a você. Cristo tem muito mais do que uma

---

[61] João 11:52. (parênteses nossos)

cura, uma palavra motivacional ou, até mesmo, uma bênção. Se você desejar apenas isso, isso receberá. Mas se quer Jesus, você terá tudo. Lembre-se de que o entendimento das parábolas não era para aqueles que desejavam apenas os milagres. A multidão não é, nunca foi e jamais será vista como quem conhece os mistérios do Reino de Deus; isso estava reservado aos que caminhavam com Jesus.

Você está pronto? Podemos avançar para a maior história de amor de todos os tempos? Então, aqui vamos nós!

É importante lembrarmos que ninguém viu a Deus, mas que Jesus é a imagem visível de Deus-Pai. O Pai interage conosco através do Filho, pois o Filho revela o Pai.

> [...] Deus nunca foi visto por alguém. O Filho unigênito, que está no seio do Pai, esse o revelou.
> Jo 1:18 ACF

> [...] acrescentou: Não poderás ver a minha face, porque o ser humano não pode ver-me e permanecer vivo.
> Êx 33:20 KJA

> [...] Ninguém jamais viu a Deus.
> 1 Jo 4:12 NVI

> [...] O único que é imortal e habita em luz inacessível, a quem ninguém viu nem pode ver.
> 1 Tm 6:16 NVI

Já temos entendimento de que o Antigo Testamento é o Novo escondido, e que Deus falava com o Seu povo por intermédio de Jesus. Porém, Ele ainda não havia se revelado. Assim sendo, quem falava com o povo no Antigo Testamento?

> [...] Depois Moisés aspergiu o sangue sobre o povo, dizendo: "Este é o sangue da aliança que o Senhor fez com vocês de acordo com todas essas palavras".
> Êx 24:8 NVI

Após esse casamento, no reinado de Jeroboão, houve a divisão de Israel: Casa de Israel (Reino do Norte) e a Casa de Judá (Reino do Sul). Com isso, a Casa de Israel começa a se desviar dos caminhos do Senhor.

> [...] Quando, por causa de tudo isto, por ter cometido adultério, **eu despedi a pérfida Israel e lhe dei carta de divórcio**, vi que a falsa Judá, sua irmã, não temeu; mas ela mesma se foi e se deu à prostituição.
> Jr 3:8 ARA

No capítulo 3 de Jeremias, vemos que a Casa de Israel se separa de Deus ao se prostituir com outros deuses (maridos), e recebe carta de divórcio. A partir de então, ela vai viver entre os gentios pagãos.

Sua irmã, Judá, também acaba se prostituindo, mas não recebe a carta de divórcio, já que se voltou para o Senhor. Ainda que com fingimento, esse povo voltou. Todavia, a Casa de Israel/Reino do Norte não voltou. Na verdade, a grande questão pela qual a Casa de Judá não recebeu carta de divórcio, é pelo fato de carregar a promessa de que o Messias viria por meio de sua descendência, a tribo de Judá. E, para que a profecia se cumprisse, Deus não se separou da Casa de Judá.

Que grande problema! Isso é tão complexo que se torna um mistério descrito por Paulo. O Senhor se divorcia da Casa de Israel/Reino do Norte e espalha Seu povo pelos quatro cantos da Terra. Contudo, ao ouvirem Sua voz, eles seriam atraídos de volta. Mas como isso será feito?

> [...] Eles dizem: Se um homem despedir sua mulher, e ela o deixar, e se ajuntar a outro homem, porventura tornará ele outra vez para ela? Não se poluirá de todo aquela terra? Ora, tu te prostituíste com muitos amantes; mas ainda assim, torna para mim, diz o SENHOR.
> Jr 3:1 ACF

Pergunto: se um homem se divorciar de sua mulher, e ela se afastar e se tornar esposa de outro, pode ela voltar para o primeiro? A resposta é não. Assim, estamos diante de um dilema, sabe por quê? Porque Deus diz à Casa de Israel – Efraim – que se prostituiu com muitos amantes e, ainda assim, Ele pede: *Volte para mim*.

Veja o que a Bíblia relata:

> [...] **Quando um homem tomar uma mulher e se casar com ela, então será que, se não achar graça em seus olhos, por nela encontrar coisa indecente, far-lhe-á uma carta de repúdio, e lhe dará na sua mão, e a despedirá da sua casa.**
> Se ela, pois, saindo da sua casa, for e se casar com outro homem, e este também a desprezar, e lhe fizer carta de repúdio, e lha der na sua mão, e a despedir da sua casa, ou se este último homem, que a tomou para si por mulher, vier a morrer, então seu primeiro marido, que a despediu, não poderá tornar a tomá-la, para que seja sua mulher, depois que foi contaminada; pois é abominação perante o Senhor; assim não farás pecar a terra que o Senhor teu Deus te dá por herança.
> Dt 24:1-4 ACF

Então, podemos compreender que, pelas leis de Deus, esse regresso não pode acontecer. A Casa de Israel (Efraim) não pode voltar para Deus. Ou seja, se um homem se casar com uma mulher, e por qualquer razão ele encontrar algo indecente nela, ele pode dar a ela uma carta de divórcio e despedi-la da sua casa. E se essa mulher, que recebeu a carta de divórcio, se casar com outro homem e, porventura, esse novo marido também a despedir da sua casa, ou morrer, o primeiro marido não pode tomar aquela mulher de volta, pois isso é abominação para o Senhor. Isso é a Lei de Deus e Ele não pode ir contra Sua lei.

Voltando para a Bíblia, após o reinado de Salomão, houve a divisão entre o Reino do Sul e do Norte, e uma coisa é certa: eles eram rivais, sempre lutavam um contra o outro.

De maneira alguma um israelita do Reino do Norte se converteria a Judá! É como no futebol; nunca um corintiano vai virar palmeirense e vice-versa. Simplesmente não vai acontecer.

Neste momento, existem vários mistérios, mas o maior deles é entender como Deus resolve isso. Por que Ele os convida a voltar, sabendo que isso é contra Sua própria lei?

> [...] Disse mais o Senhor nos dias do rei Josias: Viste o que fez a rebelde Israel? Ela foi a todo o monte alto, e debaixo de toda a árvore verde, e ali andou prostituindo-se.
> E eu disse: Depois que fizer tudo isto, voltará para mim; mas não voltou; e viu isto a sua aleivosa irmã Judá. E vi que, por causa de tudo isto, por ter cometido adultério a rebelde Israel, a despedi, e lhe dei a sua carta de divórcio, que a aleivosa Judá, sua irmã, não temeu; mas se foi e também ela mesma se prostituiu. E sucedeu que pela fama da sua prostituição, contaminou a terra; porque adulterou com a pedra e com a madeira. E, contudo, apesar de tudo isso a sua aleivosa irmã Judá não voltou para mim de todo o seu coração, mas falsamente, diz o Senhor.
> E o Senhor me disse: Já a rebelde Israel mostrou-se mais justa do que a aleivosa Judá. Vai, pois, e apregoa estas palavras para o lado norte, e dize: Volta, ó rebelde Israel, diz o Senhor, e não farei cair a minha ira sobre ti; porque misericordioso sou, diz o Senhor, e não conservarei para sempre a minha ira.
> Jr 3:6-12 ACF

Após a carta de divórcio, Deus libera a promessa de que traria de volta a Casa de Israel (Efraim).

[...] Mas agora diz o SENHOR, que me formou desde o ventre para ser seu servo, para que torne a trazer Jacó e para reunir Israel a ele, porque eu sou glorificado perante o SENHOR, e o meu Deus é a minha força. Sim, diz ele: Pouco é o seres meu servo, para restaurares as tribos de Jacó e tornares a trazer os remanescentes de Israel; também te dei como luz para os gentios, para seres a minha salvação até à extremidade da terra.
Is 49:5-6 ARA

[...] Canta alegremente, ó estéril, que não deste à luz; rompe em cântico, e exclama com alegria, tu que não tiveste dores de parto; porque mais são os filhos da mulher solitária, do que os filhos da casada, diz o SENHOR.
Amplia o lugar da tua tenda, e estendam-se as cortinas das tuas habitações; não o impeças; alonga as tuas cordas, e fixa bem as tuas estacas. Porque transbordarás para a direita e para a esquerda; e a tua descendência possuirá os gentios e fará que sejam habitadas as cidades assoladas. Não temas, porque não serás envergonhada; e não te envergonhes, porque não serás humilhada; antes te esquecerás da vergonha da tua mocidade, e não te lembrarás mais do opróbrio da tua viuvez. Porque o teu Criador é o teu marido; o Senhor dos Exércitos é o Seu nome; e o Santo de Israel é o teu Redentor; que é chamado o Deus de toda a terra. Porque o Senhor te chamou como a mulher desamparada e triste de espírito; como a mulher da mocidade, que fora desprezada, diz o teu Deus. Por um breve momento te deixei, mas com grandes misericórdias te recolherei; com um pouco de ira escondi a minha face de ti por um momento; mas com benignidade eterna me compadecerei de ti, diz o Senhor, o teu Redentor.
Is 54:1-8 ACF

[...] Porque está escrito: "Alegre-se, ó estéril, você que não dá à luz; exulte e grite, você que não sente dores de parto; porque os filhos da mulher abandonada são mais numerosos do que os filhos da que tem marido." Mas vocês, irmãos, são filhos da promessa, como Isaque. Como, porém, no passado, aquele que nasceu

segundo a carne perseguia o que nasceu segundo o Espírito, assim também acontece agora. Mas o que diz a Escritura? Ela diz: "Mande embora a escrava e seu filho, porque de modo nenhum o filho da escrava será herdeiro com o filho da mulher livre." Portanto, irmãos, somos filhos não da escrava, mas da livre.
Gl 4:27-31 NAA

Em Gálatas 4:24-25, está escrito que essas coisas são simbólicas, e que essas mulheres representam as duas alianças. Agar é aquela que gera para escravidão; representando a Jerusalém atual, o povo judeu daquele tempo, a "Casa de Judá". Já a estéril descrita em Isaías 54:1 e Gálatas 4:27 é Sara, representada pela Jerusalém que é livre, a qual é nossa mãe; mãe de Isaque, o filho da promessa, e de todos os que nascem segundo o Espírito, na nova aliança através do sangue de Jesus.

É mencionado ainda: "mais numerosos são os filhos da solitária do que os filhos da casada". Exatamente. Nesse caso, a casada é Judá, o povo judeu (os filhos da carne), os que nasceram segundo a carne[62]. Eles são bem menores em número do que os filhos da solitária (Efraim – da promessa) pois representam a plenitude dos gentios, incontáveis como a areia da praia[63].

Neste instante, vemos novamente a promessa da qual estamos falando, em que Deus diz a Efraim que não será envergonhada e nem humilhada, mas que Deus esquecerá da sua vergonha e não se lembrará da sua viuvez. "Porque o teu Criador é o teu marido; o Senhor dos Exércitos é o Seu nome; e o Santo de Israel é o teu Redentor. Por um breve momento te deixei, mas com grandes misericórdias te recolherei; com um pouco de ira escondi a minha face de ti por um momento; mas com benignidade eterna me compadecerei de ti, diz o Senhor, o teu Redentor"[64].

---

62   Gálatas 4:23
63   Gênesis 22:17
64   Isaías 54:5, 7-8

Em Jeremias 3, Oseias 6 e Deuteronômio 4, o "marido" Deus diz que não vai conservar para sempre Sua ira sobre Israel, mas se compadecerá e com misericórdia os trará para perto novamente. A questão é que a Casa de Israel recebeu carta de divórcio. E, perante a Lei de Deus, o marido não pode tomá-la novamente, pois sua esposa se casou com outros deuses e se prostituiu. Como a Noiva (Efraim – Casa de Israel) poderá voltar para seu Marido?

Para que possamos entender sobre como esse mistério foi desvendado, é necessário que o apóstolo de Cristo entre em cena e nos ajude. Para isso, leremos parte de uma das passagens mais incríveis escritas por ele:

> [...] Ou vocês não sabem, irmãos – pois falo aos que conhecem a lei –, que a lei tem domínio sobre uma pessoa apenas enquanto ela está viva? Por exemplo, a mulher casada está ligada pela lei a seu marido, enquanto ele vive; mas, se o marido morrer, ela ficará livre da lei conjugal. De modo que será considerada adúltera se, enquanto o marido estiver vivo, ela se unir com outro homem. Mas, se o marido morrer, ela estará livre da lei e não será adúltera se casar com outro homem. Assim, meus irmãos, também vocês morreram para a lei, por meio do corpo de Cristo, para que pertençam a outro, a saber, àquele que ressuscitou dentre os mortos, a fim de que frutifiquemos para Deus.
> Rm 7:1-4 NAA

Perceba que Paulo começa dizendo algo muito importante: ele fala aos que conhecem a Lei. Desta maneira, se quisermos continuar a leitura, é indispensável conhecermos a Lei de Deus, tendo em vista que tudo o que será falado está fundamentado nela (Torá – Pentateuco). Sem essa base, corremos o risco de fazer uma interpretação equivocada de Romanos 7. Mas não se preocupe, se você está acompanhando este livro desde o início já tem uma boa base sobre o que será dito; e juntos entenderemos esse mistério.

Observe que Paulo inicia o capítulo citando a Lei: a Lei tem domínio sobre o homem enquanto ele viver. Portanto, se o homem morrer, ele não estará mais sujeito às penalidades determinadas pela lei. A mulher casada está ligada pela lei a seu marido, enquanto ele viver; mas, se o marido morrer, ela ficará livre da lei conjugal. De modo que será considerada adúltera se, enquanto o marido estiver vivo, ela se unir a outro homem. Mas, se o marido morrer, ela estará livre da lei e não será adúltera ao casar-se com outro homem.

Você entende? Enquanto o marido estiver vivo, ela não pode se casar com outro homem. Mas, se o marido morrer, aí sim, ela estará livre para se casar outra vez sem que seja considerada adúltera.

Consegue compreender por que Paulo fala da necessidade do entendimento acerca da Lei? Tudo o que ele descreve aqui é baseado em Deuteronômio 24.

Ao revelar esse mistério, Paulo começa a falar diretamente a nós, os gentios (Casa de Israel – Efraim). Vocês morreram para a lei, por meio do corpo de Cristo (Marido), a fim de pertencerem a outro, isto é, àquele que ressuscitou dentre os mortos e vivo está, para que através da nova aliança possamos dar muitos frutos a Deus. Você compreende o que está acontecendo?

Veja algo interessante comigo: quem era o Noivo de Israel (12 tribos)? Deus. Por volta de 922 a.C., houve a separação de Israel em duas partes, Casa de Israel (Norte) e Casa de Judá (Sul).

A Casa de Judá manteve sua aliança com o Senhor, mas a Casa de Israel (Efraim) foi infiel e recebeu carta de divórcio e, desde então, não tinha mais aliança com Deus. Por que Deus se divorciou dela? Adultério. De acordo com Deuteronômio 24, uma adúltera poderia voltar para seu primeiro marido? Certamente não. Conforme Romanos 7, qual é a única maneira de uma mulher ser livre da lei do adultério? A morte de seu primeiro marido. A única alternativa é o marido morrer.

Jesus, o Messias, vem e morre.

O Noivo morreu pela Noiva. Esta é a boa notícia! Este é o mistério que Paulo descreve. Jesus veio e morreu para libertar a Noiva do adultério.

Então, por que Jesus ressuscitou dos mortos? Pois na lei não era necessário que o animal fosse ressuscitado após o sacrifício, já que a expiação dos pecados estava na morte e no sangue, não no fôlego de vida. Ou seja, se por intermédio da morte de Cristo é que somos perdoados, por que Ele ressuscitou?

E a resposta é única: a ressurreição aconteceu para que Ele se tornasse um solteiro elegível para casar com a Noiva. Ele ressuscitou para resgatar Sua Noiva.

Está quebrada a maldição da Casa do Norte de Israel; agora, eles podem voltar.

Sendo assim, quando Paulo vai para os eleitos, para aqueles espalhados na Galácia, em Éfeso, e em todo aquele mundo conhecido no Mediterrâneo, e anda pelas cidades, para onde você acha que ele vai? Primeiro, ele vai para os judeus nas sinagogas e, em seguida, ele vai para os gentios. Ele vai para a Casa do Norte de Israel, e anuncia que eles podem voltar. O Noivo que morreu, ressuscitou, e está disponível para que todos aqueles que nEle crerem não estejam mais mortos em seus pecados, mas tenham vida eterna. Esse é o Evangelho das boas novas. Aleluia!

Senhoras e senhores, é disso que se trata e é por isso que existe a ceia das bodas do Cordeiro. Esse é o motivo de se chamar "ceia de casamento" e não "ceia de fim dos tempos". Não é uma ceia do milênio, mas uma ceia de bodas. Jesus se casará com Sua Noiva, e a Noiva sempre foi chamada de Israel.

Como estamos vendo, após a morte e a ressurreição de Cristo, Efraim continua sem aliança. Apesar disso, já está livre da lei e pode ser tomada como esposa por um novo marido. Em contrapartida, Judá estava até então aliançada; mas após a morte de

Cristo, isso foi perdido, pois o marido morreu: Judá também está sem aliança e livre da lei do marido.

Efraim e Judá, hoje, estão livres para serem tomadas por um novo Marido, uma nova Aliança, um novo Homem, que é Jesus.

Nesse instante, entramos em outro impasse. Jesus ressuscita como nosso sumo sacerdote e, pela lei, os sacerdotes não poderiam tomar mulheres de prostituição ou repudiadas como esposa; apenas as puras.

> [...] Santos serão a seu Deus, e não profanarão o nome do seu Deus, porque oferecem as ofertas queimadas do Senhor, e o pão do seu Deus; portanto serão santos. Não tomarão mulher prostituta ou desonrada, nem tomarão mulher repudiada de seu marido; pois santo é a seu Deus.
> Lv 21:6-7 ACF

> [...] E ele tomará por esposa uma mulher na sua virgindade. Viúva, ou repudiada ou desonrada ou prostituta, estas não tomará; mas virgem do seu povo tomará por mulher.
> Lv 21:13-14 ACF

Então o Marido morreu, mas a mulher (Efraim e Judá) ainda carrega sua prostituição. É por isso que Jesus diz:

> [...] Jesus respondeu, e disse-lhe: Na verdade, na verdade te digo que aquele que não nascer de novo, não pode ver o reino de Deus.
> Jo 3:3 ARC

Para retomar Sua esposa, Jesus precisou morrer e ressuscitar. E, para ser tomada como esposa, a mulher também precisa morrer e ressuscitar (espiritualmente) para ser tomada como mulher pura e não prostituta.

> [...] Isaías exclama com relação a Israel: "Embora o número dos israelitas seja como a areia do mar, apenas o remanescente será salvo".
> Rm 9:27 NVI

Com isso, Romanos 6 passa a ser entendido perfeitamente.

Não são todos os da Casa de Judá e da Casa de Israel (Efraim) que serão salvos, mas apenas os remanescentes. E quem são esses remanescentes?

Aqueles que morrem e nascem de novo em Jesus. Os que morrem para o pecado (Páscoa; ázimos), ressuscitam como novos homens (primícias), e são selados pelo Espírito Santo (Pentecostes). Esses são os remanescentes que, agora, podem ser tomados como Noiva incorruptível. Tanto os da Casa de Judá, quanto os da Casa de Israel (Efraim).

> Que diremos então? Continuaremos pecando para que a graça aumente? De maneira nenhuma! Nós, os que morremos para o pecado, como podemos continuar vivendo nele? Ou vocês não sabem que todos nós, que fomos batizados em Cristo Jesus, fomos batizados em sua morte? Portanto, fomos sepultados com ele na morte por meio do batismo, a fim de que, assim como Cristo foi ressuscitado dos mortos mediante a glória do Pai, também nós vivamos uma vida nova. Se dessa forma fomos unidos a ele na semelhança da sua morte, certamente o seremos também na semelhança da sua ressurreição. Pois sabemos que o nosso velho homem foi crucificado com ele, para que o corpo do pecado seja destruído, e não mais sejamos escravos do pecado; pois quem morreu, foi justificado do pecado. Ora, se morremos com Cristo, cremos que também com ele viveremos. Pois sabemos que, tendo sido ressuscitado dos mortos, Cristo não pode morrer outra vez: a morte não tem mais domínio sobre ele. Porque morrendo, ele morreu para o pecado uma vez por todas; mas

vivendo, vive para Deus. Da mesma forma, considerem-se mortos para o pecado, mas vivos para Deus em Cristo Jesus.
Rm 6:1-11 NVI

Dessa forma, qual é a situação de todos os que não creem no Messias e não morreram e ressuscitaram com Ele? Estão sem aliança, pois o Marido original morreu na cruz.

Assim, todos os judeus que não creem no Messias estão sem aliança com Deus. No entanto, Deus é poderoso para voltar a enxertá-los em Sua oliveira, assim que crerem.

Você já se perguntou por que Jesus foi crucificado com dois bandidos? Por que Ele não foi crucificado sozinho? Deus poderia ter dado a honra de uma crucificação exclusiva ao Rei dos reis. Além disso, por que havia exatamente dois homens e não apenas um ou mais?

Um dos homens zombava de Jesus, questionando por que Ele não salvava a si mesmo e a eles; não creu que aquele era o Messias representando o povo judeu, que também não acreditou em quem Ele era. Todavia, o outro creu e pediu para que Jesus se lembrasse dele.

Acho que agora está evidente quem representa o ladrão naquele momento, aquele que creu e aceitou o sacrifício de Cristo em sua vida: os gentios, Casa de Efraim.

Com quem é feita a nova aliança? Jeremias 31:31 diz: "Eis que vêm dias, diz o SENHOR, em que farei uma nova aliança com a casa de Israel e a casa de Judá". Atente-se que, em momento algum, fala sobre "casa de gentios".

> [...] Não segundo a aliança que fiz com os seus pais, no dia em que os tomei pela mão, para os tirar da terra do Egito; pois eles quebraram a minha aliança, apesar de eu ter sido seu esposo, diz o Senhor.
> Jr 31:32 NAA

Veja, não havia nada de errado com a aliança. Havia algo repreensível neles.

> [...] Porque esta é a aliança que farei com a casa de Israel, depois daqueles dias, diz o Senhor: Na mente lhes imprimirei as minhas leis, também no seu coração as inscreverei; eu serei o Deus deles, e eles serão o meu povo.
> Jr 31:-33 NAA

> [...] Vá e proclame diante do povo de Jerusalém: Assim diz o Senhor: "Lembro-me de você, meu povo, da sua afeição quando era jovem, do seu amor quando noiva e de como você me seguia no deserto...".
> Jr 2:2 NAA

Quem era a *Ekklesia* (Igreja) no deserto? Quem era a Noiva no deserto? Israel.

Deus se casou com Israel[65], então, ao passar do tempo o Reino é dividido[66] e tanto Efraim quanto Judá se prostituem[67]. Agora, para resgatá-la, o Marido precisava morrer, liberando sua ex-esposa para casar novamente. Ao ressuscitar, Ele está livre perante a lei para se casar com ela novamente (Nova Aliança).

Com isso, ao aceitar a Cristo, a prostituta morre no batismo; e ao ressuscitar (nascer de novo), começa o processo de se tornar uma noiva pura (nova criatura) e disponível para se casar com o sumo sacerdote.

De forma perfeita, a morte e a ressurreição de Cristo resolveram aquilo que impedia Israel de se casar novamente com Deus.

---

65  Êxodo 24:8
66  1 Reis 12
67  Jeremias 3:8

15

## A Nova Aliança

No Antigo Testamento, a palavra hebraica para aliança é *[berith]: acordo, aliança, compromisso.* Já no Novo, é usada a palavra grega *[diathece]: testamento, pacto.* Entendemos que, desde o início, Deus firmou um compromisso com o homem. Por intermédio de Moisés, o Senhor faz uma aliança com Seu povo. E, após a morte de Cristo, uma nova aliança é estabelecida. Com isso, entendemos que as Escrituras são divididas entre a Velha (Antigo Testamento) e a Nova Aliança (Novo Testamento).

A Velha Aliança foi estabelecida com Moisés no Monte Sinai; a Nova é feita através da morte de Cristo.

Precisamos nos atentar a um detalhe: para quem foram feitas essas alianças?

> [...] Moisés subiu para encontrar-se com Deus. E do monte o Senhor o chamou e lhe disse: – Assim você falará à casa de Jacó e anunciará aos filhos de Israel: "Vocês viram o que fiz aos egípcios e como levei vocês sobre asas de águia e os trouxe para perto de mim. Agora, pois, **se ouvirem atentamente a minha voz e guardarem a minha aliança, vocês serão a**

> **minha propriedade peculiar dentre todos os povos**. Porque toda a terra é minha, e vocês **serão para mim um reino de sacerdotes e uma nação santa."**
> **São estas as palavras que você falará aos filhos de Israel.**
> Êx 19:3-6 NAA

Fica bem claro que Deus está fazendo uma aliança com Israel, as 12 tribos. E, como já vimos, nenhuma aliança nas Escrituras é feita apenas com a tribo de Judá (judeus), mas com as 12 tribos unidas, incluindo os judeus.

Acredito que essa conclusão esteja bem clara para a Igreja nos dias de hoje, no entanto, o que muitos cristãos têm dificuldade de entender é que a Nova Aliança também foi feita com o Israel de Deus (Casa de Israel e Casa de Judá).

> [...] Eis aí vêm dias, diz o SENHOR, em que **firmarei nova aliança com a casa de Israel e com a casa de Judá**. Não conforme a aliança que fiz com seus pais, no dia em que os tomei pela mão, para os tirar da terra do Egito; porquanto eles anularam a minha aliança, não obstante eu os haver desposado, diz o SENHOR. Porque **esta é a aliança que firmarei com a casa de Israel**, depois daqueles dias, diz o SENHOR: **Na mente**, lhes **imprimirei as minhas leis**, também **no coração** lhas inscreverei; **eu serei o seu Deus, e eles serão o meu povo.**
> Jr 31:31-33 ARA

Os dispensacionalistas acreditam que essa Nova Aliança descrita em Jeremias está destinada apenas para a nação de Israel, pois creem que Israel e a Igreja estão separados no plano de restauração de Deus. Mas trata-se de uma visão errônea, pois com o entendimento bíblico sobre as duas Casas de Israel podemos ver uma interpretação bem mais coerente, lógica e biblicamente contextualizada, fazendo com que não cometamos equívocos.

A profecia de Jeremias fala a respeito da Nova Aliança. Precisamos ter clareza de que, em momento algum, a Bíblia nos mostra uma Nova Aliança em que Judá (Israel) é substituída pelos gentios. Isso não existe! A tal Teologia da Substituição – ou Supersessionismo – não se encontra nas Escrituras. Por falta de conhecimento sobre esses princípios contidos em Jeremias 31:31-33, muitas distorções teológicas acontecem.

Analise comigo...

Nessa passagem, o versículo 31 está falando sobre uma Nova Aliança de unificação e restauração com ambas as Casas, mas observe que, no versículo 33, o foco é a Casa de Israel restaurada. A Lei que estava sobre as tábuas de pedra está sendo passada para as tábuas do nosso coração, através do Espírito.

As afirmações de que o Israel de Deus é apenas o povo judeu, ou que a Igreja substitui Israel, estão completamente erradas. Podemos ver que tanto a Teologia da Substituição quanto o Dispensacionalismo se desfazem ao interpretarmos corretamente os contextos bíblicos e entendermos quem são a Casa de Israel e a Casa de Judá.

Veja o que Paulo fala a respeito:

> [...] Não que a palavra de Deus haja faltado, porque **nem todos os que são de Israel são israelitas**; Nem por serem descendência de Abraão são todos filhos; mas: Em Isaque será chamada a tua descendência. Isto é, **não são os filhos da carne que são filhos de Deus, mas os filhos da promessa são contados como descendência.**
> Rm 9:6-8 ACF

Desse modo, quem são os verdadeiros Israelitas? Os da carne ou os da promessa? Acredito que Paulo já tenha esclarecido no versículo acima. Mas, caso ainda tenha dúvida, veja o que ele descreve em Gálatas:

> [...] Digam-me vocês, os que querem estar sob a lei: será que vocês não ouvem o que a lei diz? Pois está escrito que Abraão teve dois filhos: um da mulher escrava e outro da mulher livre. O filho da escrava nasceu segundo a carne; **o filho da mulher livre nasceu mediante a promessa. Estas coisas são alegóricas, porque essas mulheres são duas alianças**. Uma se refere ao monte Sinai, que gera para a escravidão; esta é Agar. Ora, **Agar é o monte Sinai**, na Arábia, e **corresponde à Jerusalém atual, que está em escravidão com os seus filhos. Mas a Jerusalém lá de cima é livre e ela é a nossa mãe**. Porque está escrito: "**Alegre-se**, ó estéril, você que não dá à luz; exulte e grite, você que não sente dores de parto; **porque os filhos da mulher abandonada são mais numerosos do que os filhos da que tem marido**".
> Gl 4:21-27 NAA

Nesse momento, Paulo está usando Sara e Agar para fazer uma alegoria entre as duas alianças. Perceba que ele começa dizendo que Abraão teve dois filhos, um da mulher escrava (Agar) e outro da livre (Sara). O filho da escrava/Agar, que era egípcia/Egito, nascido segundo a carne; e o da livre, mediante a promessa.

Por isso, os filhos de Agar/carne/escrava simbolizam a Antiga Aliança, mas os de Sara/promessa ou espírito/livre representam a Nova Aliança.

Em seguida, no versículo 24, está escrito que essas coisas são alegóricas e simbolizam as duas alianças. Agar representa o Monte Sinai, a Jerusalém atual que está em escravidão. Paulo remete a ela a aliança feita com Moisés e Israel no Monte Sinai. E Sara representa a Jerusalém de cima, que é livre. Então, eu te pergunto: quem é a nação santa? Com certeza, os filhos da promessa, que são os que nasceram segundo o espírito, e não segundo a carne.

> [...] **E uma pedra de tropeço e rocha de escândalo, para aqueles que tropeçam na palavra, sendo desobedientes**; para o que também foram destinados. Mas vós sois a geração eleita, o sacerdócio real, a nação santa, o povo adquirido, para que anuncieis as virtudes daquele que vos chamou das trevas para a sua maravilhosa luz; **vós, que em outro tempo não éreis povo, mas agora sois povo de Deus; que não tínheis alcançado misericórdia, mas agora alcançastes misericórdia.**
> 1 Pe 2:8-10 ACF

Chegando até aqui, você já teve clareza de que aquele que não era povo (*Lo-Ami*)[68] e se tornou povo de Deus, o mesmo que antes não recebia misericórdia (*Lo-Ruamá*)[69] e agora fora nele achado misericórdia, é a Casa de Israel, são aqueles que foram semeados entre as nações: "O tropeço deles é a riqueza do mundo, e a sua diminuição a riqueza dos gentios, quanto mais a sua plenitude!"[70].

Mas somente a Casa de Israel vacilou na pedra de tropeço? Certamente que não. A Casa de Judá também tropeçou. Esta é uma palavra para a Igreja de Cristo, tanto judeus como gentios que nascem segundo o espírito; esses são os filhos da promessa, o Israel do alto.

> [...] Mas nós, irmãos, **somos filhos da promessa como Isaque**. Mas, como então aquele que era gerado segundo a carne perseguia o que o era segundo o Espírito, assim é também agora.
> Gl 4:28-29 ACF

---

68   Oseias 1:8-9
69   Oseias 1:6-7
70   Romanos 11:12

Isso é poderoso! Paulo continua dizendo que nós, que nascemos segundo o espírito, somos filhos da promessa assim como Isaque. Lembre-se de que quem nasceu antes não foi Isaque, mas Ismael, o filho da carne (Agar).

Ismael corresponde à Antiga Aliança; mas Isaque, o filho da promessa – "daqueles que nascem segundo o espírito" –, representa a Nova Aliança.

Consequentemente, Agar representa a Antiga Aliança, o Israel terreno, os filhos da carne, os escravos que habitam no Monte Sinai, ao passo que Sara corresponde à Nova Aliança, ao Israel celestial, aos nascidos segundo o espírito, livres, que habitam no Monte Sião, o monte em que o Senhor está. E você, de quem é filho?

Agora, leia como Paulo finaliza esse capítulo e, se você ainda tiver algum questionamento sobre abandonar o Israel terreno – Antiga Aliança – para ser inserido no Israel Celestial – a Nova Aliança –, acredito que terá luz sobre isso.

> [...] Mas que diz a Escritura? **Lança fora a escrava e seu filho, porque de modo algum o filho da escrava herdará com o filho da livre**.
> Gl 4:30 ACF

A Bíblia declara que aqueles que ainda querem permanecer como filhos de Agar são lançados fora, porque de modo algum os filhos da Antiga Aliança/Agar serão herdeiros. Apenas os filhos da Nova Aliança/Sara herdarão todas as coisas com Cristo Jesus.

> [...] Portanto, irmãos, **não somos filhos da escrava, mas da livre**.
> Gl 4:31 NVI

# AGAR X SARA
## TIPOLOGIA – GÁLATAS 4

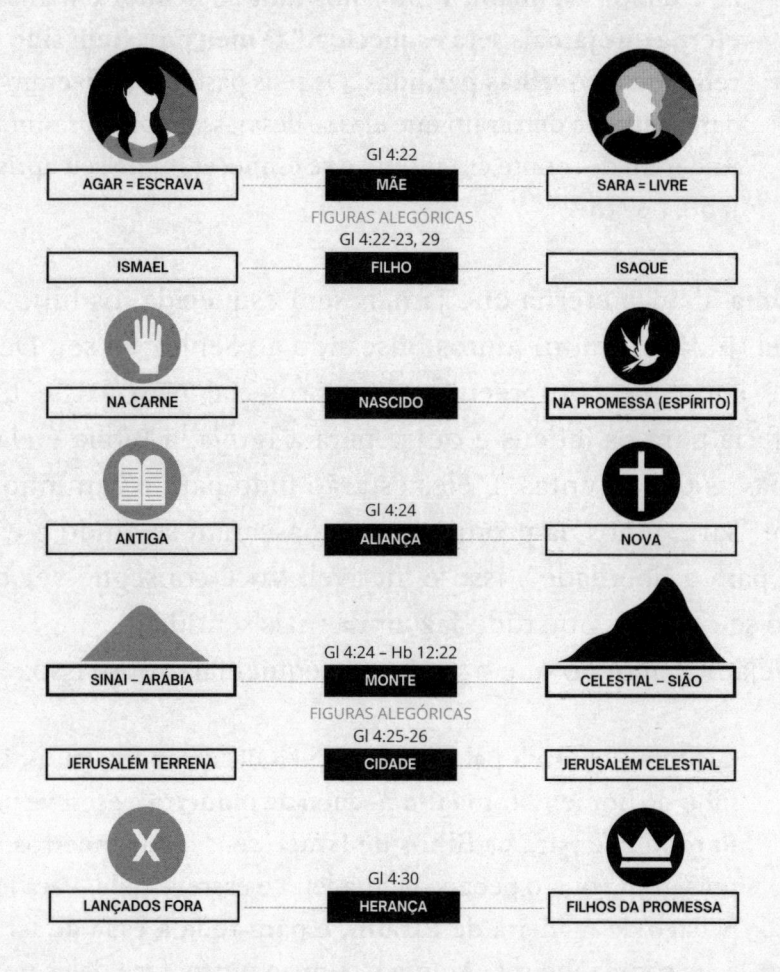

| AGAR = ESCRAVA | Gl 4:22 MÃE | SARA = LIVRE |
|---|---|---|
| | FIGURAS ALEGÓRICAS Gl 4:22-23, 29 | |
| ISMAEL | FILHO | ISAQUE |
| NA CARNE | NASCIDO | NA PROMESSA (ESPÍRITO) |
| ANTIGA | Gl 4:24 ALIANÇA | NOVA |
| SINAI – ARÁBIA | Gl 4:24 – Hb 12:22 MONTE | CELESTIAL – SIÃO |
| | FIGURAS ALEGÓRICAS Gl 4:25-26 | |
| JERUSALÉM TERRENA | CIDADE | JERUSALÉM CELESTIAL |
| LANÇADOS FORA | Gl 4:30 HERANÇA | FILHOS DA PROMESSA |

Veja que, por toda a Escritura, encontramos mensagens e profecias a respeito da restauração de ambas as Casas e uma nova aliança sendo estabelecida entre as duas Casas de Israel.

[...] Naqueles dias, naquele tempo, diz o Senhor, **os filhos de Israel voltarão, eles e os filhos de Judá juntamente**; andando

> e chorando, virão e buscarão o Senhor, seu Deus. Perguntarão pelo caminho que leva a Sião, com o rosto voltado para lá, e dirão: **"Venham, vamos nos unir ao Senhor em aliança eterna que jamais será esquecida." O meu povo tem sido um rebanho de ovelhas perdidas.** Os seus pastores as fizeram andar errantes e deixaram que elas se desviassem para os montes. Andaram de monte em monte e se esqueceram do seu aprisco.
> Jr 50:4-6 NAA

Uma aliança eterna que jamais será esquecida, os filhos de Israel (Judá e Efraim) juntos buscando ao Senhor, o seu Deus. Você consegue compreender essa profecia? Não existe uma profecia para os judeus e outra para a Igreja, a Bíblia é clara, ambas as Casas juntas. E eles estarão indo para o caminho de Sião: "Sara, filhos da promessa, que nasceram segundo o espírito para a liberdade". Isso é incrível! Você consegue ver que tudo se conecta, que tudo faz ainda mais sentido.

Vejamos agora o que o profeta Ezequiel fala sobre isso:

> [...] Veio a mim a palavra do SENHOR, dizendo: Tu, pois, ó filho do homem, toma **um pedaço de madeira** e escreve nele: **Para Judá e para os filhos de Israel**, seus companheiros; depois, toma outro pedaço de madeira e escreve nele: Para José, pedaço de madeira de **Efraim, e para toda a casa de Israel**, seus companheiros. Ajunta-os um ao outro, faze deles um só pedaço, para que se tornem apenas um na tua mão.
> Ez 37:15-17 ARA

O capítulo 37 de Ezequiel começa falando sobre a visão de um vale de ossos secos, que, como vimos, são as duas Casas de Israel. No versículo 15 desse mesmo capítulo, o profeta fala da unificação de ambas as Casas. Veja, essa profecia fala sobre dois pedaços de madeira, um representando Judá e o outro, Efraim. Os dois se tornam um na mão de Ezequiel e, profeticamente, simbolizam a mão de Deus unindo os dois pedaços de madeira, Judá e Efraim.

> [...] Dize-lhes pois: Assim diz o Senhor DEUS: Eis que eu **tomarei os filhos de Israel dentre os gentios**, para onde eles foram, e os congregarei de todas as partes, e os levarei à sua terra. E deles **farei uma nação na terra, nos montes de Israel, e um rei será rei de todos eles, e nunca mais serão duas nações; nunca mais para o futuro se dividirão em dois reinos**. E nunca mais se contaminarão com os seus ídolos, nem com as suas abominações, nem com as suas transgressões, e os livrarei de todas as suas habitações, em que pecaram, e os purificarei. Assim **eles serão o meu povo, e eu serei o seu Deus**. E meu servo Davi será rei sobre eles, e todos eles terão um só pastor; e andarão nos meus juízos e guardarão os meus estatutos, e os observarão. E habitarão na terra que dei a meu servo Jacó, em que habitaram vossos pais; e habitarão nela, eles e seus filhos, e os filhos de seus filhos, para sempre, e Davi, meu servo, será seu príncipe eternamente. **E farei com eles uma aliança de paz; e será uma aliança perpétua. E os estabelecerei, e os multiplicarei, e porei o meu santuário no meio deles para sempre**.
> Ez 37:21-26 ACF

A Teologia da Substituição, como sabemos, acredita que a Igreja substitui Israel no plano de Deus. Sua defesa é que os judeus não são mais o povo escolhido, e que as promessas e profecias referentes a Israel foram transmitidas para a Igreja cristã. Nesse caso, as profecias da Bíblia sobre bênçãos e restauração de Israel acabam "simbolizadas" em promessas das bênçãos de Deus para a Igreja.

Quanto ao dispensacionalismo, sua crença está na distinção entre Israel e a Igreja; Deus tem dois povos distintos e dois propósitos para esses povos. Um propósito terreno para Israel e um propósito espiritual e celestial para a Igreja. Eles não acreditam que a Igreja substitui Israel, mas que a Igreja tem uma posição mais elevada do que Israel.

Como podemos ver, essas duas doutrinas não condizem com o que as Escrituras nos ensinam. Examine Ezequiel 37:21. O Senhor fala que vai tomar os filhos de Israel dentre os gentios. Mas se os gentios não têm nada a ver com Israel, como isso será realizado?

Perceba que para Deus existe apenas um povo: o Israel de Deus, composto por judeus e gentios, Judá e Efraim, que foi disperso. O Senhor os trará de volta e fará deles uma só nação na Terra. Ele será Rei sobre eles e nunca mais serão reinos divididos, pois haverá um Pastor, e uma aliança de paz será realizada, uma aliança perpétua. Deus vai estabelecer esse povo, e os multiplicará, e Seu santuário estará no meio deles para sempre. Aleluia!

> [...] E veio ainda a palavra do Senhor a Jeremias, dizendo: Porventura não tens visto o que este povo está dizendo: As duas gerações, que o Senhor escolheu, agora as rejeitou? Assim desprezam o meu povo, como se não fora mais uma nação diante deles. Assim diz o Senhor: Se a minha aliança com o dia e com a noite não permanecer, e eu não puser as ordenanças dos céus e da terra, Também rejeitarei a descendência de Jacó, e de Davi, meu servo, para que não tome da sua descendência os que dominem sobre a descendência de Abraão, Isaque e Jacó; porque removerei o seu cativeiro, e apiedar-me-ei deles.
> Jr 33:23-26 ACF

Será que Deus rejeitou duas gerações escolhidas por Ele mesmo, os Seus eleitos? Apenas se Sua aliança não permanecesse, Ele rejeitaria a descendência de Jacó e de Davi. Ele vai remover o cativeiro e ter piedade dela. Os que não eram povo, agora são chamados povo de Deus. E como Deus fará isso? Como acontece a reunificação de dois povos em uma só nação?

> [...] E agora diz o Senhor, que me formou desde o ventre para ser seu servo, para que torne a trazer Jacó; porém Israel não se deixará ajuntar; contudo aos olhos do Senhor serei glorificado, e o meu Deus será a minha força. Disse mais: Pouco é que sejas o meu servo, **para restaurares as tribos de Jacó, e tornares a trazer os preservados de Israel**; também te dei para **luz dos gentios, para seres a minha salvação até à extremidade da terra**. Assim diz o Senhor, o Redentor de Israel, o seu Santo, à alma desprezada, ao que a nação abomina, ao servo dos que dominam: Os reis o verão, e se levantarão, como também os príncipes, e eles diante de ti se inclinarão, por amor do Senhor, que é fiel, e do Santo de Israel, que te escolheu. Assim diz o Senhor: No tempo aceitável te ouvi e no dia da salvação te ajudei, e te guardarei, e **te darei por aliança do povo, para restaurares a terra**, e dar-lhes em herança as herdades assoladas; Para dizeres aos presos: Saí; e aos que estão em trevas: Aparecei. Eles pastarão nos caminhos, e em todos os lugares altos haverá o seu pasto.
> Is 49:5-9 ACF

Isaías narra um dos objetivos da morte de Cristo: que através do Seu sangue pudesse vir a Nova Aliança, da qual judeus e gentios pudessem participar.

> [...] Eis que vêm dias, diz o Senhor, em que levantarei a Davi um Renovo justo; e, sendo rei, reinará e agirá sabiamente, e

> praticará o juízo e a justiça na terra. Nos seus dias **Judá será salvo, e Israel habitará seguro**; e este será o seu nome, com o qual Deus o chamará: O SENHOR JUSTIÇA NOSSA. Portanto, eis que vêm dias, diz o Senhor, em que nunca mais dirão: Vive o Senhor, que fez subir os filhos de Israel da terra do Egito; Mas: Vive o Senhor, que fez subir, e que trouxe a geração da casa de Israel da terra do norte, e de todas as terras para onde os tinha arrojado; e habitarão na sua terra.
> Jr 23:5-8 ACF

Agora, será Cristo reinando e trazendo justiça e juízo sobre a Terra, fazendo com que tanto Judá quanto Israel estejam salvos e seguros, e juntos agradecerão ao Senhor por trazer toda a Casa de Israel que estava espalhada entre as nações.

E mesmo Deus tendo rejeitado a Casa de Israel (Efraim) por um período, tudo foi por um propósito e parte do Seu plano. A restauração está por toda a Bíblia.

Jeremias 31:31 evidencia a Nova Aliança. Mas, ainda um pouco antes desse versículo, veja o que está escrito:

> [...] Bem ouvi eu que **Efraim se queixava, dizendo: Castigaste-me e fui castigado, como novilho ainda não domado; converte-me, e converter-me-ei, porque tu és o Senhor meu Deus.** Na verdade que, depois que me converti, tive arrependimento; e depois que fui instruído, bati na minha coxa; fiquei confuso, e também me envergonhei; porque suportei o opróbrio da minha mocidade. **Não é Efraim para mim um filho precioso, criança das minhas delícias? Porque depois que falo contra ele, ainda me lembro dele solicitamente; por isso se comovem por ele as minhas entranhas; deveras me compadecerei dele, diz o Senhor.**
> Jr 31:18-20 ACF

Examine comigo:

Jeremias 31:31-32 – [...] não conforme a aliança feita com seus pais.

Jeremias 31:31-33 – [...] Nova Aliança com a Casa de Israel e com a Casa de Judá.

Jeremias 50:4-6 – [...] vinde, e unamo-nos ao SENHOR, em aliança eterna que jamais será esquecida.

Ezequiel 37:21-26 – [...] E farei com eles uma aliança de paz; e será uma aliança perpétua. E os estabelecerei, e os multiplicarei, e porei o meu santuário no meio deles para sempre.

Zacarias 10:6-10 – [...] E fortalecerei a casa de Judá, e salvarei a casa de José, e fá-los-ei voltar, porque me compadeci deles.

Jeremias 33:23-26 – [...] se a minha aliança com o dia e com a noite não permanecer, porque removerei o seu cativeiro, e apiedar-me-ei deles.

Isaías 49:5-9 – [...] eu te guardarei, e te darei por aliança do povo, para restaurares a terra, e dar-lhes em herança as herdades assoladas.

Jeremias 23:5-8 – [...] Judá será salvo e Israel habitará seguro.

Jeremias 31:18-20 – [...] Não é Efraim para mim um filho precioso, criança das minhas delícias?

16

# Os 144 mil de Apocalipse

### QUEM SÃO OS 144 MIL SELADOS?

Este é um assunto bem complexo em que temos diferentes linhas escatológicas definindo quem são os 144 mil. Alguns afirmam que esse número é literal, e são apenas judeus que serão selados durante o período da grande tribulação, que não sofrerão dano durante a tribulação. Outros acreditam que é uma parte da Igreja que não passará pela morte durante a tribulação. E existem ainda aqueles que dizem ser somente os que serão salvos. E por aí vai...

Teremos algumas distintas opiniões sobre quem é esse grupo de pessoas. Bom, não vou entrar em detalhes sobre o que cada linha teológica prega sobre esse tema, pois não é o propósito deste livro. Em vez disso, explicarei resumidamente o que acredito sobre os 144 mil. E o essencial: onde está Efraim nessa lista de Apocalipse 7.

Certo de que esse tema poderia se transformar em um livro, peço paciência nessa leitura, pois, embora seja um resumo, esse será o maior capítulo aqui apresentado. No entanto, quero ter o devido cuidado em poder esclarecer sobre o que creio e o que a Bíblia nos mostra a respeito desse assunto.

### SIMBÓLICO OU LITERAL?

A primeira coisa que precisamos compreender é que os 144 mil são alegóricos e não literais. O número é mais um símbolo do que uma estatística, diz Michael Wilcock[71]. Este símbolo se refere a toda a Igreja composta de judeus e gentios[72], vista pelo prisma da sua eleição e perfeição em Cristo, formando então o Israel de Deus[73]. Observe comigo:

#### 1. 12 mil de cada tribo

Em nenhum lugar nas Escrituras veremos as tribos de Israel com a quantidade de 12 mil pessoas. Ao contrário disso, no livro de Números 2:1 e 3:39 claramente são mencionados a ordem e os números de cada tribo no acampamento. Perceba também que no censo estabelecido por Deus: "Os levitas não foram contados entre os filhos de Israel, como o SENHOR ordenara a Moisés"[74]. No capítulo seguinte, ao falar sobre os ofícios e os números dos levitas, então sim, aparece a contagem: "foram contados dos levitas, contados por Moisés e Arão, por mandado do SENHOR, segundo as suas famílias, todo homem de um mês para cima, foram vinte e dois mil"[75].

---

71  WILCOCK, Michael. *A Mensagem do Apocalipse*. 1986. p. 34.
72  Gálatas 3:28
73  SHEDD, Russell. *A Escatologia do Novo Testamento*. 1983. p. 43.
74  Números 2:33
75  Números 3:39

## A CRUZ NA DISPOSIÇÃO DO ACAMPAMENTO
VISTA SUPERIOR DO ACAMPAMENTO DE ISRAEL NO DESERTO
*NÚMEROS 2:1, NÚMEROS 3:39*

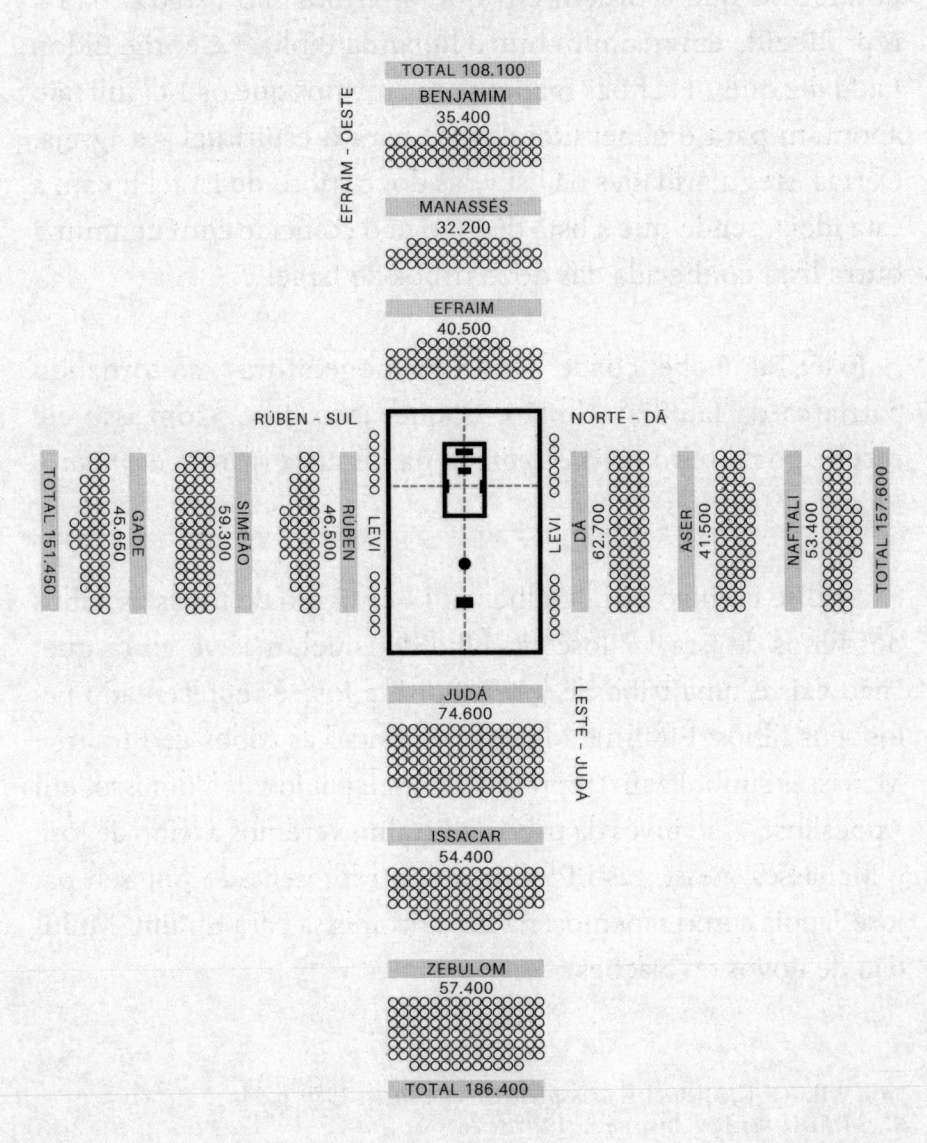

**EFRAIM - OESTE**

TOTAL 108.100

BENJAMIM
35.400

MANASSÉS
32.200

EFRAIM
40.500

**RÚBEN - SUL**

TOTAL 151.450

GADE
45.650

SIMEÃO
59.300

RÚBEN
46.500

LEVI

**NORTE - DÃ**

LEVI

DÃ
62.700

ASER
41.500

NAFTALI
53.400

TOTAL 157.600

**LESTE - JUDÁ**

JUDÁ
74.600

ISSACAR
54.400

ZEBULOM
57.400

TOTAL 186.400

## 2. Ordem das tribos

A listagem dos 144 mil não segue a ordem de nascimento; notaremos que a ordem em que as tribos são listadas não é reproduzida em nenhum outro lugar da Bíblia.[76] George Eldon Ladd diz que: "Há boas razões para crermos que os 144 mil não apontam para o Israel literal, mas para o espiritual – a Igreja. Certas irregularidades na lista das doze tribos de Israel levam a esta ideia, sendo que a lista de João não coincide com nenhuma outra lista conhecida das doze tribos de Israel".[77]

**José:** Ele é abençoado com a primogenitura[78], se tornando patriarca da família: Abraão, Isaque, Jacó, José. Com isso ele recebe por direito *porção dobrada* na herança *(porção dobrada = Efraim e Manassés).*

Analise comigo um detalhe: os 144 mil são de todas as tribos dos filhos de Israel.[79] José era filho de Israel, mas veremos que: "não existe uma tribo de José". Porque José é representado pelos seus filhos: Efraim e Manassés[80]. Então as tribos de Efraim e Manassés simbolizam (representam) seu pai José.[81] Com isso, em Apocalipse 7, ao invés da tribo de Efraim, veremos a tribo de José e Manassés, nesse caso Efraim sendo representado por seu pai José[82], pois como sabemos, há uma promessa para Efraim (Multidão de Povos ou Nações).

---

76  WILCOCK, Michael. *A Mensagem do Apocalipse.* 1986. p. 34.
77  LADD, George. *Apocalipse.* 1980. p. 86.
78  Gênesis 48:15
79  Apocalipse 7:4b
80  Gênesis 48:5
81  Números 13:17 – *"Então Josué disse à casa de José, a Efraim e a Manassés."*
82  Ezequiel 37:19 – *"A Vara de José que está na mão de Efraim."*

## 3. Comprados da terra, e não comprados de Israel

Uma colocação muito coerente feita por Hernandes Dias Lopes nos apresenta que: Segundo Apocalipse 14:3-4, os 144 mil foram comprados por Deus entre os **da terra, e não da nação judaica** somente.[83]

**LISTA DAS 12 TRIBOS DE APOCALIPSE 7**
Lista das tribos, sendo 12 mil para cada tribo — Ap 7:4-8 NAA

| | | |
|---|---|---|
| 1 JUDÁ | 5 NAFTALI | 9 ISSACAR |
| 2 RÚBEN | 6 MANASSÉS | 10 ZEBULOM |
| 3 GADE | 7 SIMEÃO | 11 JOSÉ |
| 4 ASER | 8 LEVI | 12 BENJAMIM |

Estes são os 144 mil selados que representam 12 mil de cada tribo de Israel, mas observe que os 12 mil de Efraim não estão relacionados.

## 4. Dã, Efraim e Manassés

Assim como Dã, Efraim também não se encontra nessa lista. Ao invés de Efraim e Manassés, surge José (pai de Efraim). Parece um pouco estranho atribuir a literalidade à contagem desse povo. Pois através de José, Efraim é quem adquire a primogenitura[84], tornando-se filho de Israel, possuindo terras, e se tornando uma das tribos de Israel[85]. Se isso fosse literal, Dã e Efraim deveriam estar na lista, pois, além de tribo, Efraim se tornou

---

83 LOPES, Hernandes Dias. *Apocalipse — O Futuro Chegou*. p. 190.
84 Gênesis 48:14; 20
85 Números 1:33; 2:18; 13:8

filho de Israel. Mas como sabemos, Efraim tem uma promessa: Multidão de Povos ou Nações, e isso veremos à frente.

Com essas informações, fica evidente que não há consistência em afirmar serem literais os 144 mil. Sendo assim, a partir de agora nos aprofundaremos sobre quem realmente são esses 144 mil.

Para isso, conectaremos os capítulos 7 e 14 de Apocalipse, os quais exibem detalhes sobre esses grupos que passarão pela grande tribulação e seguirão ao Cordeiro, onde quer que Ele vá.

Para entendermos os significados dos números, o livro *Nomes e Números*, escrito por Dan Duke, será aplicado como base.

## AS CARACTERÍSTICAS DOS 144 MIL

| | CARACTERÍSTICAS | 144 MIL | NOVA JERUSALÉM - IGREJA |
|---|---|---|---|
| 1 | OS NÚMEROS 144 E 12 | Ap 7:4; Ap 14:1;3 | Ap 21:14; Ap 16-17; Ap 21:12-16; 21 |
| 2 | O SELO | Ap 14:1 | Ap 3:12; Ap 22:4; Ef 1:13; Ef 4:30 |
| 3 | NOVO CÂNTICO | Ap 14:2b-3 | Ap 15:2-3 |
| 4 | COMPRADOS DA TERRA | Ap 14:3 | Ap 5:9; 1 Co 6:20; 1 Co 7:23 |
| 5 | PRIMÍCIAS | Ap 14:4b | Tg 1:18; Rm 11:16-17; Hb 12:22-23 |
| 6 | MONTE SIÃO | Ap 14:1 | Hb 12:22-24; Gl 4:22-31 |
| 7 | SÃO VIRGENS | Ap 14:4 | Ap 21:2, 9b-11; 2Co 11:2; Ef 5:27; Mt 25:1 |
| 8 | SEGUEM O CORDEIRO | Ap 14:4b | Jo 10:2-4; Mt 10:38 |
| 9 | PUROS E IRREPREENSÍVEIS | Ap 14:5 | Sf 3:13 |

Observe que as mesmas características descritas para os 144 mil também estão na Nova Jerusalém – a Igreja. E isso não é por acaso, é algo que traz revelação sobre a verdadeira identidade dos 144 mil.

### O NÚMERO 144 MIL, SENDO 12 MIL DE CADA TRIBO

**1. O número 144**
Simboliza plenitude. Segundo Dan Duke, "simboliza a Noiva, que é a criação mais excelente de Deus".[86]

**a. O muro da cidade** (Nova Jerusalém) é de 144 côvados. Ou seja, a cidade que também simboliza a Noiva, a esposa do Cordeiro, a quem Ele tem esperado desde o princípio.

**b. Estes são os filhos de Israel** que compõem a Noiva de Cristo.

**c. Este quadro tanto representa a Noiva** autenticamente, como define seu caráter.

**2. O número 12**
"Sendo 12 de cada tribo": simboliza a ordem divina, governo, a perfeição governamental, 12 tribos e os 12 apóstolos.[87]

**a. 12x12 = 144.** O número 12 simboliza ordem divina. Isto produziria o melhor que Deus tem no tocante à Sua criação e propósito.[88]

---

86 DUKE, Dan. *Nomes e Números*. p. 74.
87 DUKE, Dan. *Nomes e Números*. p. 52 a 54.
88 DUKE, Dan. *Nomes e Números*. p. 74.

### 3. O número 1000
Simboliza a frutificação perfeita e o descanso, o tempo perfeito.[89]
   a. **Reino Milenar = 1000 anos** | Apocalipse 20:2-7

### 4. Os 144 mil

> [...] Então ouvi o número dos que foram marcados com selo. Eram **cento e quarenta e quatro mil, de todas as tribos dos filhos de Israel**.
> Ap 7:4 NAA

> [...] Olhei, e eis que o Cordeiro estava em pé sobre o monte Sião. Com ele estavam **cento e quarenta e quatro mil**. [...] E ninguém podia aprender o cântico, senão os **cento e quarenta e quatro mil** que foram comprados da terra.
> Ap 14:1;3 NAA

### 5. A Nova Jerusalém
Olhando para a Nova Jerusalém, também veremos os números 144 e 12. Esse é só o início da conexão que faremos neste capítulo...

> [...] A muralha da cidade tinha **doze fundamentos**, e sobre estes estavam **os doze nomes dos doze apóstolos** do Cordeiro. [...] A cidade tinha a forma de um quadrado, de comprimento e largura iguais. E mediu a cidade com a vara, e tinha **doze mil estádios**. O seu comprimento, largura e altura são iguais. Mediu também a sua muralha, e tinha **cento e quarenta e quatro côvados**, pela **medida humana** que o anjo usava.
> Ap 21:14, 16-17 NAA

---
89  DUKE, Dan. *Nomes e Números*. p. 78.

Assim como em Apocalipse 7 e 14, podemos ver os 144 mil sendo 12 mil de cada tribo. Observamos que, no capítulo 21, a Nova Jerusalém (Igreja) também nos mostra esses números: a cidade é formada por 12 fundamentos em que estavam escritos os nomes dos 12 apóstolos. E quando foram medir a muralha da cidade, qual foi o número encontrado? 144. Será coincidência?

Portanto, os 144 mil são 12 mil de cada tribo de Israel, e, quando traçamos um paralelo com a Nova Jerusalém, a muralha da cidade foi medida e tinha 144 côvados.

> [...] Tinha uma muralha grande e alta, com **doze portões**, e, junto aos portões, **doze anjos**. Sobre os portões estavam escritos nomes, a saber, os nomes das **doze tribos dos filhos de Israel**.
> Ap 21:12 NAA

Assim, podemos ver as 12 tribos de Israel na Nova Jerusalém, a Esposa do Cordeiro, a Noiva de Jesus.

Isso significa que, ao analisarmos os 144 mil, a Nova Jerusalém e a grande multidão vestida de branco, veremos que são figuras diferentes, mas que possuem as mesmas características. É Deus nos mostrando que se trata do mesmo povo, **a Igreja, o Israel de Deus**.

O número 144 mil é simbólico e profético para os vencedores de toda a história humana que permanecerem fiéis ao Senhor. *A plenitude do povo de Deus.*

## AS MEDIDAS DA NOVA JERUSALÉM (IGREJA)
## O MESMO NÚMERO DOS 144 MIL: 12 DE CADA TRIBO

| 12 PORTÕES | 12 NOMES | 12 CÔVADOS |
|---|---|---|
| 12 ANJOS | 12 APÓSTOLOS | 12 PEDRAS PRECIOSAS |
| 12 TRIBOS DE ISRAEL | 12 MIL ESTÁDIOS | 12 PÉROLAS |

Gostaria de enfatizar que (12) = Ordem divina[90], sendo então 12 tribos x 12 apóstolos x 1000 (Reino Milenar, tempo perfeito, descanso)[91] = 144 mil.

**1. O selo**
**a. 144 mil** – A primeira coisa que precisamos entender é que os 144 mil têm um selo em sua **testa, e esse selo é o nome do Filho e do Pai.**

> [...] Olhei, e eis que o Cordeiro estava em pé sobre o monte Sião. Com ele estavam **cento e quarenta e quatro mil**, que tinham **escrito na testa o nome do Cordeiro e o nome de seu Pai.**
> Ap 14:1 NAA

**b. Igreja** – Perceba também que sobre a Igreja de **Filadélfia,** que foi fiel, guardou a Palavra e não negou o nome do Senhor, **também foram colocados selos com o nome do filho e do Pai.**

> [...] Ao vencedor, farei com que seja uma coluna no santuário do meu Deus, e dali jamais sairá. **Gravarei sobre ele o nome**

---
90 DUKE, Dan. *Nomes e Números*. p. 52 a 54.
91 DUKE, Dan. *Nomes e Números*. p. 78. Apocalipse 10:2-7.

> **do meu Deus**, o nome da cidade do meu Deus, a nova Jerusalém que desce do céu, vinda da parte do meu Deus, **e o meu novo nome**.
> Ap 3:12 NAA

O prêmio da Igreja que permanecer fiel será receber o nome do Filho e do Pai, e isso nos remete aos 144 mil que também recebem o nome do Filho e do Pai.

Mas, se seguirmos a linha de que os 144 mil são apenas os judeus, podemos estar em um grande equívoco, pois a Igreja que permanece fiel tem como prêmio o selo com o nome do Filho e do Pai.

> [...] contemplarão a sua face, e **na sua testa terão gravado o nome dele**.
> Ap 22:4 NAA

O verso acima nos mostra que só entrarão na Nova Jerusalém aqueles que têm um selo ou o nome de Deus na testa. Então, somente os 144 mil literais entrarão na Nova Jerusalém? Não. Esse número é simbólico, e sim, a Igreja entrará na Nova Jerusalém.

> [...] Nele também vocês, depois que ouviram a palavra da verdade, o evangelho da salvação, tendo nele também crido, **receberam o selo do Espírito Santo da promessa**.
> Ef 1:13 NAA

> [...] E não entristeçam o Espírito Santo de Deus, no qual **vocês foram selados para o dia da redenção**.
> Ef 4:30 NAA

Logo, entendemos que, assim como os 144 mil que foram selados com o nome do Pai e do Filho, a Igreja também está selada com o nome do Pai e do Filho.

### 2. Cantavam um cântico novo

**a. 144 mil** – Essa é mais uma característica dos 144 mil: são como grupo de sacerdotes que adoram a Deus e entoam um novo cântico.

> [...] A voz que ouvi era como de harpistas quando tocam as suas harpas. Entoavam **um cântico novo diante do trono**, diante dos quatro seres viventes e dos anciãos. E **ninguém podia aprender o cântico, senão os cento e quarenta e quatro mil** que foram comprados da terra.
> Ap 14:2b-3 NAA

**b. A Igreja** – E, assim como os 144 mil, o capítulo 15 de Apocalipse nos mostra que a Igreja também tem harpas nas mãos e entoa o cântico de Moisés e o cântico do Cordeiro. Seria mera coincidência? Creio que não. Todas as características que estão sobre os 144 mil também estão sobre a Igreja, e isso é visível em toda a Escritura.

> [...] Vi como que um mar de vidro, misturado com fogo, e também os que venceram a besta, a sua imagem e o número do seu nome. Eles estavam em pé junto ao mar de vidro, **tendo harpas que lhes foram dadas por Deus. E entoavam o cântico de Moisés**, servo de Deus, **e o cântico do Cordeiro, dizendo**: "Grandes e admiráveis são as tuas obras, Senhor Deus, Todo-Poderoso! Justos e verdadeiros são os teus caminhos, ó Rei das nações...
> Ap 15:2-3 NAA

## 3. Comprados da terra

**a. 144 mil** – Um grupo de pessoas que foram compradas da terra.

> [...] Entoavam um cântico novo diante do trono, diante dos quatro seres viventes e dos anciãos. E ninguém podia aprender o cântico, senão os **cento e quarenta e quatro mil que foram comprados da terra.**
> Ap 14:3 NAA

**b. A Igreja** – Com isso, temos entendimento de que não só os 144 mil foram **comprados da terra**, mas como sabemos a Igreja também foi comprada, e pelo sangue de Cristo.

> [...] **Vocês foram comprados por alto preço**. Portanto, glorifiquem a Deus com o corpo de vocês.
> 1 Co 6:20 NVI

> [...] **Vocês foram comprados por alto preço**; não se tornem escravos de homens.
> 1 Co 7:23 NVI

> [...] e cantavam um cântico novo, dizendo: "Digno és de pegar o livro e de quebrar os selos, porque foste morto e **com o teu sangue compraste para Deus os que procedem de toda tribo, língua, povo e nação.**
> Ap 5:9 NAA

## 4. Primícias

**a. Os 144 mil** – Foram comprados como **primícias** para Deus e o Cordeiro. No entanto, se fizermos separação entre

Igreja e Israel, pensaremos que somente os judeus são primícias. Mas será que é isso o que a Bíblia nos diz?

> [...] Eles seguem o Cordeiro por onde quer que ele vá. São os que foram comprados dentre todos os seres humanos, **primícias para Deus e para o Cordeiro**.
> Ap 14:4b NAA

**b. A Igreja** – Sim, a Igreja também é primícia para Deus e o Cordeiro.

> [...] Pois, segundo o seu querer, ele nos gerou pela palavra da verdade, **para que fôssemos como que primícias das suas criaturas**.
> Tg 1:18 NAA

> [...] E, se **forem santas as primícias da massa**, igualmente será santa a sua totalidade; se for santa a raiz, também os ramos o serão. Se, porém, alguns dos ramos foram quebrados, e você, sendo oliveira brava, foi enxertado no meio deles e se tornou participante da raiz e da seiva da oliveira.
> Rm 11:16-17 NAA

Então, se Cristo é a primícia e também o cabeça da Igreja, como corpo de Cristo estamos conectados àquele que é primícia, pois segundo o Seu querer, Ele nos gerou para que fôssemos como primícias das Suas criaturas.

E, como sabemos, primícia nos remete aos primeiros frutos, como os primogênitos em Israel.

> [...] Matou todos os **primogênitos no Egito**, as primícias do vigor nas tendas de Cam.
> Sl 78:51 NAA

No Antigo Testamento, Israel também era consagrado ao Senhor como primogênito ou primícia.

> [...] **Israel** era consagrado ao Senhor e **era as primícias da sua colheita**...
> Jr 2:3 NAA

Como Igreja, somos o Israel de Deus. Nascidos mediante a promessa em Cristo Jesus, gerados não segundo a carne, mas segundo o espírito. Isto é, também somos primícias ou primogênitos.

> [...] vocês chegaram ao **monte Sião e à cidade do Deus vivo, a Jerusalém celestial**, e a milhares de anjos. Vocês chegaram à assembleia festiva, **a igreja dos primogênitos** arrolados nos céus. Vocês chegaram a Deus, o Juiz de todos, e aos espíritos dos justos aperfeiçoados.
> Hb 12:22-23 NAA

### 5. Monte Sião

**a. 144 mil** – De acordo com o que acompanhamos até aqui, os 144 mil estão no Monte Sião com o Cordeiro:

> [...] Olhei, e eis que **o Cordeiro estava em pé sobre o monte Sião. Com ele estavam cento e quarenta e quatro mil**...
> Ap 14:1 NAA

**b. A Igreja** – Assim como os 144 mil, a Nova Jerusalém (Igreja) também está no Monte Sião.

Vimos que, em Gálatas 4:22-31, o Israel da carne está sendo tipificado como Agar, o Monte Sinai, a escravidão. A Jerusalém atual que está em escravidão de pecado com seus filhos. Porém, no versículo 26 está escrito que a Jerusalém lá de cima é livre, e é a nossa mãe. Sara tipifica a Jerusalém Celestial.

Se formos até Hebreus, veremos que a Jerusalém celestial, cidade do Deus vivo, está no Monte Sião.

> [...] Pelo contrário, **vocês chegaram ao monte Sião e à cidade do Deus vivo, a Jerusalém celestial**, ... **a igreja dos primogênitos**... **e a Jesus, o Mediador da nova aliança**.
> Hb 12:22-24 NAA

Isso mesmo! Os 144 mil, a Jerusalém Celestial, a Igreja dos primogênitos, o Israel segundo o espírito, é a Jerusalém lá de cima, que está no Monte Sião junto ao Cordeiro.

Consequentemente, se os 144 mil possuem as mesmas características que a Igreja: (selados, cantam um novo cântico, comprados da terra, são primícias e estão no Monte Sião), eles são, sim, o mesmo povo, a Igreja.

**6. São virgens**
   **a. 144 mil**

> [...] Estes são os que não se macularam com mulheres, **porque são virgens**.
> Ap 14:4 NAA

Eles são virgens; mas atente-se ao fato de que tanto a Casa de Israel quanto sua irmã Judá se prostituíram com amantes. Jeremias 3 relata essa história.

A partir de Jesus, começamos a ver um processo de redenção, a preparação da Noiva virgem de Cristo, o Israel da promessa.

**b. A Igreja**

[...] Tenho zelo por vocês com um zelo que vem de Deus, pois eu preparei vocês para apresentá-los como **virgem pura a um só esposo, que é Cristo**.
2 Co 11:2 NAA

[...] para a **apresentar a si mesmo como igreja gloriosa, sem mancha, nem ruga, nem coisa semelhante, porém santa e sem defeito**.
Ef 5:27 NAA

[...] Então, o reino dos céus será semelhante a **dez virgens que**, tomando as suas lâmpadas, **saíram a encontrar-se com o noivo**.
Mt 25:1 ARA

**7. Seguem o Cordeiro**
   **a. Os 144 mil** – Seguem o Cordeiro.

[...] **Eles seguem o Cordeiro** por onde quer que ele vá.
Ap 14:4b NAA

**b. A Igreja** – Assim, existe um povo que segue a voz do seu Pastor:

[...] Aquele, porém, que entra pela porta, esse **é o pastor das ovelhas**. Para este o porteiro abre, as ovelhas ouvem a sua voz, **ele chama as suas próprias ovelhas pelo nome** e as conduz para fora. Depois de levar para fora todas as que lhe pertencem, vai na frente delas, **e elas o seguem, porque reconhecem a voz dele**.
Jo 10:2-4 NAA

> [...] E quem não toma a sua cruz e não me segue, não é digno de mim.
> Mt 10:38 NVI

Ou seja, para sermos dignos de receber a Cristo, precisamos segui-lo. E isso não é apenas para 144 mil judeus, mas para a Igreja, o Israel de Deus.

### 8. Puros e irrepreensíveis

**a. Os 144 mil** – São irrepreensíveis e em seus lábios não se achou engano:

> [...] e não se achou **mentira na sua boca; não têm mácula**.
> Ap 14:5 NAA

**b. A Igreja** – Agora, veja comigo o que foi profetizado a respeito das Casas de Israel, apontando para a Igreja, que é o Israel de Deus[92].

> [...] O remanescente de Israel **não cometerá injustiça**. Eles **não proferirão mentira**, e da sua boca **não sairão palavras enganosas**.
> Sf 3:13 NAA

Com todas essas características que encontramos sobre os 144 mil e a Igreja, fica fácil constatar que sim, os 144 mil são a Igreja gloriosa de Cristo, comprados da Terra como primícias e selados pelo Espírito; seguidores de Cristo, puros e irrepreensíveis, adorando ao Pai com um cântico novo no Monte Sião.

Logo, a grande pergunta é: onde está Efraim? Por que não aparece com os 144 mil?

---
92 Romanos 9:6-8

## A GRANDE MULTIDÃO E ONDE ESTÁ EFRAIM?

Com todo esse contexto e referências, podemos concluir que Efraim recebeu a promessa de frutificação e multiplicação, de que se tornaria uma multidão de povos (nações). Também está claro que as 12 tribos de Israel, descritas em Apocalipse 7, não são literais; a listagem e a contagem não são as mesmas contidas nos outros livros da Bíblia.

Assim, a Casa de Israel (Efraim – as 10 tribos do Reino do Norte) foi semeada (dispersa) entre as nações[93], se misturando entre os povos para que pudesse cumprir a promessa e a bênção de Abraão[94], Isaque[95], Jacó, José[96] e Efraim[97].

Isso derruba qualquer teoria de que o Senhor restauraria, literalmente, apenas 12 mil de cada uma dessas tribos, sendo que elas perderam suas identidades ao serem semeadas entre as nações. Isso mesmo! Essas tribos não existem mais: Efraim, Manassés, Rúben, Simeão, Issacar, Zebulom, Benjamim, Dã, Naftali, Gade, Aser, não existem em sua literalidade. Deus as semeou entre as nações para que pudesse vir a Sua colheita.

> [...] o número dos **filhos de Israel será como a areia do mar**, que **não se pode medir, nem contar**. E acontecerá que, no lugar em que lhes foi dito: "Vocês não são o meu povo", ali

---

93 Oseias 7:8, Oseias 1:4 – Jezreel = Deus semeia.
94 Gênesis 12:1-3, *A Promessa a Abraão: Dele surgiria uma grande nação, e todas as famílias (povos, nações) da terra seriam abençoadas.* Gênesis 22:18, *A bênção de Abraão: multiplicaria a sua descendência como as estrelas dos céus, e como a areia na praia do mar, e em Sua descendência todas as famílias da terra seriam abençoadas.* Hebreus 11:12; Gálatas 3:8,16.
95 Gênesis 28:3-4, *A bênção de Isaque para Jacó: Frutificar e multiplicar, para que sejas uma Multidão de Povos (nações); e a bênção de Abraão esteja sobre ti.* Gênesis 35:9-12.
96 Gênesis 48:22, *A bênção de José: Ramo frutífero, e seus ramos correm sobre os muros.*
97 Gênesis 48:1-21, *A bênção de Efraim: Torna-se filho primogênito de Jacó. Frutificação e multiplicação; se transformaria em uma multidão de nações.*

> mesmo se dirá a eles: "Vocês são filhos do Deus vivo." Os filhos de Judá e os filhos de Israel serão reunidos, e constituirão sobre si uma só cabeça.Eles se levantarão da terra, porque **grande será o dia de Jezreel**.
> Oseias 1:10-11 NAA

Grande será o dia em que Deus irá colher Jezreel (a semente). Isso é incrível!

Até aqui, vimos que a Nova Aliança e o Israel de Deus não são os que nasceram segundo a carne, mas segundo o espírito (promessa), pois nem todos os que nascem em Israel são verdadeiramente israelitas, somente os que nasceram segundo o espírito[98].

Considerando que nós, a Igreja de Cristo, somos o Israel de Deus, a primeira coisa que temos de fazer é tirar toda e qualquer divisão teológica entre Israel x Igreja, já que, em momento algum, a Bíblia nos mostra essa divisão. O que ela revela é que o Israel de Deus é composto por judeus e gentios que nascem de novo em Cristo Jesus: a Igreja.

Como estamos vendo, na Bíblia, os nomes, números e seus contextos são proféticos e nos revelam inúmeros significados.

Neste momento, pare e analise algo incrível nessa história!

O nome José significa *"Deus acrescentará"*, simbolizando que, através de José, Deus acrescentaria algo. No Egito, José se casa com uma estrangeira *(gentia)* e lá mesmo *(dentre os gentios)* ele tem dois filhos, Efraim e Manassés.

Em Gênesis 48, Jacó aparece abençoando José e tomando os seus dois netos Efraim e Manassés como seus próprios filhos. Assim como Rúben e Simeão *(os dois primeiros)*, passando, então, Efraim e Manassés a serem contados como tribos no lugar de José.

---

[98] Romanos 9:6-7

[...] Quando Israel viu os filhos de José, perguntou: – **Quem são estes?** José respondeu a seu pai: – São meus filhos, que Deus me deu aqui. Israel disse: – Traga-os para perto de mim, para que eu os abençoe.
Gn 48:8-9 NAA

Quando Israel viu os filhos de José, ele questionou quem eram eles. Perceba que essa pergunta fará todo sentido um pouco mais à frente. José responde: *São meus dois filhos: Manassés e Efraim.*

Manassés significa *"Levando a esquecer"*. Como sabemos, a Casa de Israel onde estavam Efraim e Manassés (as 10 tribos do Norte) recebeu carta de divórcio de Deus[99], estando, a partir de então, esquecida *[Lo-Ami]*[100] e sem misericórdia *[Lo-Ruamá]*[101], perdendo sua identidade e aliança, se dispersando entre as nações.

Porém, lembre-se de que Efraim significa "duplamente frutífero", e que através dele surgiria uma **multidão de nações** *[Melo Ha Goyim]*, **a plenitude dos gentios, como descrita por Paulo**[102]; um povo frutífero, que seria incontável como a areia da praia e como as estrelas do céu[103].

Por isso, estava sobre Jacó (Israel) a bênção de frutificação e multiplicação, de se tornar multidão de povos e possuir a terra[104].

Portanto, antes de entregar as bênçãos para seus 12 descendentes, Jacó chama José e seus filhos, Manassés e Efraim. E assim, a bênção da primogenitura foi para José, e depois, a Efraim.

---

99    Jeremias 3:8
100   Oseias 1:8, *Lo-Ami* = Não mais meu povo, não meu povo, não sois meu povo.
101   Oseias 1:6, *Lo-Ruamá* = Desfavorecida, sem misericórdia.
102   Romanos 11:25
103   Gênesis 22:17
104   Gênesis 48

> [...] Quanto aos filhos de **Rúben, o primogênito de Israel**... **Pois Rúben era o primogênito, mas, por ter profanado o leito de seu pai, o seu direito de primogenitura foi dado aos filhos de José, filho de Israel, de modo que, na genealogia, Rúben** não foi contado como primogênito. Judá, na verdade, foi poderoso entre seus irmãos, e **dele veio o príncipe, mas o direito da primogenitura foi de José.**
> 1 Cr 5:1-2 NAA

Rúben perde sua primogenitura ao profanar o leito de seu pai, José se torna o primogênito, e sucessivamente Efraim.

> [...] **porque sou pai para Israel, e Efraim é o meu primogênito.**
> Jr 31:9b NAA

Jacó abençoa Efraim como primogênito. Isso concede a Efraim autoridade para levar o nome de Israel. E é por isso que que a tribo do Norte herdou o nome de Casa de Israel, e com a promessa de crescerem em multidão, pois ela seria como uma multidão de nações[105].

### PRIMOGÊNITOS DE DEUS NAS ESCRITURAS

**Israel** – Êx 4:22
**Efraim** – Jr 31:9
**Jesus** – Cl 1:15, Rm 8:29
**Igreja** – Hb 12:22-23

Agora algo profético acontece sobre a vida de José:

---
105 Gênesis 48:13-20

> [...] chamou Jacó a seus filhos e disse: Ajuntai-vos, e **eu vos farei saber o que vos há de acontecer nos dias vindouros** *(nos últimos dias)*.
> Ajuntai-vos e ouvi, filhos de Jacó; ouvi a Israel, vosso pai.
> Gn 49:1,2 ARA

Perceba que ao abençoar José, Jacó chama seus filhos e menciona algo profético que ocorreria nos últimos dias...

Então ele começa a abençoar cada um de seus filhos, até chegar novamente em José:

> [...] **José é um ramo frutífero, ramo frutífero junto à fonte; seus galhos se estendem sobre o muro.** Os flecheiros lhe dão amargura, atiram contra ele e o hostilizam. O **seu arco, porém, permanece firme, e os seus braços são feitos ativos pelas mãos do Poderoso de Jacó, sim, pelo Pastor e pela Pedra de Israel,** pelo Deus de seu pai, que o ajudará, e pelo Todo-Poderoso, que o abençoará com bênçãos dos altos céus, com bênçãos das profundezas, com bênçãos dos seios e do ventre. **As bênçãos de seu pai excederão as bênçãos de meus pais** até o alto dos montes eternos; **estejam elas sobre a cabeça de José e sobre o alto da cabeça do que foi distinguido entre seus irmãos.**
> Gn 49:22-26 NAA

A bênção de Abraão agora liberada sobre José: frutífero. Isso nos remete a Efraim *(duplamente frutífero)*. Seus ramos *(descendentes = filhos = Efraim)* excederiam os muros de Jerusalém, alcançando assim os gentios. Então: as bênçãos de Jacó *(Israel)*, além de maiores do que as de Abraão e Isaque, agora estão sobre José, e consequentemente sobre o seu primogênito, Efraim.

Então, se por meio de José foi prometido a Efraim a bênção de frutificação e multiplicação e que dele surgiria uma multidão de nações, incontáveis como a areia do mar, como as estrelas do céu, a *plenitude dos gentios*, ainda que o número 144 seja simbólico, há uma razão para que o nome Efraim não esteja nessa lista.

Uma coisa muito importante para entendermos é que José representa Efraim, e vice-versa: Na lista dos 144 mil, não é a primeira vez que essa representação acontece. Como já mencionado, Efraim e Manassés representam José,[106] mas podemos ver claramente em Números 1:32 a comprovação desta afirmação, onde José e Efraim são representados pela mesma tribo. "Dos filhos de José: Dos descendentes de Efraim".

Veja agora uma profecia a respeito da restauração das duas Casas de Israel, que irá conectar e dar ainda mais sentido a tudo isso:

> [...] **Para José, pedaço de madeira de Efraim, e para toda a casa de Israel,** seus companheiros.
> [...] **Eis que tomarei o pedaço de madeira de José, que esteve na mão de Efraim,** e das tribos de Israel, suas companheiras, e o ajuntarei ao pedaço de Judá, e farei deles um só pedaço, e se tornarão apenas um na minha mão.
> [...] **Eis que eu tomarei os filhos de Israel de entre as nações para onde eles foram**, e os congregarei de todas as partes, e os levarei para a sua própria terra.
> Ez 37:16b; 19b; 21 ARA

O versículo 19 nos mostra claramente que um pedaço de madeira (vara) de José está na mão de Efraim. Consequentemente, sim, em Apocalipse 7, Efraim está sendo representado por José nos 144 mil selados.

---
106  Gênesis 48:5; Números 13:17

Se já entendemos que José representa Efraim, por que o nome Efraim foi retirado dessa lista? Onde ele está?

Após a divisão dos 144 mil, Efraim também surge, mas agora cumprindo a promessa feita a Abraão: "Olha para os céus e conta as estrelas, se é que o podes. E lhe disse: Será assim a tua posteridade" (Gn 15:5) e que nele seriam "abençoadas todas as nações, todas as famílias da terra" (Gn 12:3; 22:18).

> [...] **Depois destas coisas, vi, e eis grande multidão que ninguém podia contar, de todas as nações, tribos, povos e línguas, em pé diante do trono e diante do Cordeiro, vestidos de vestes brancas, com ramos de palmeira nas mãos.** E clamavam com voz forte, dizendo: "Ao nosso Deus, que está sentado no trono, e ao Cordeiro, pertence a salvação." [...] Um dos anciãos tomou a palavra e me perguntou: – **Quem são e de onde vieram estes que estão vestidos de branco?** Respondi: – O senhor sabe. Então ele me disse: – **Estes são os que vêm da grande tribulação, que lavaram suas vestes e as alvejaram no sangue do Cordeiro.**
> Ap 7:9-10; 13-14 NAA

Efraim: a multidão de nações de todos os povos, tribos e línguas, tão grande que ninguém poderia contar (Gn 48:4; 16; 19), vestida de branco, lavada pelo sangue do Cordeiro, e aplaudindo, tipificando a entrada nos tabernáculos.

Então, um dos anciãos pergunta: **Quem são esses?**

Você vê o que estou vendo? Isso é maravilhoso! A mesma pergunta que Jacó fez para José quando viu Efraim e Manassés[107], agora feita por um dos anciãos. **Quem são esses?**

---
107  Gênesis 48:8-9

Notem algo interessante: essa multidão está vindo da grande tribulação. Assim, compreendemos que a Igreja (gentios – Efraim), ao lado de Judá, passará pela grande tribulação.

Podemos concluir que, mesmo sem ter seu nome mencionado em Apocalipse 7, Efraim está, sim, nessa contagem; porém, vivendo a promessa, a mesma que estava sobre Abraão, Isaque e Jacó (grande multidão que ninguém podia contar, de todas as nações, tribos, povos e línguas, em pé diante do trono e diante do Cordeiro, vestidos de vestiduras brancas, com palmas nas mãos).

Michael Wilcock descreve que a inumerável multidão do versículo 9 e os 144 mil são uma coisa só, são os mesmos, a Igreja do Senhor, composta de judeus e gentios.[108]

George Ladd também fala que os 144 mil e a grande multidão são constituídos das mesmas pessoas – a Igreja – vista em dois estágios[109]: a primeira multidão está no limiar da tribulação; a segunda está salva no Reino de Deus, depois da tribulação[110].

Grant R. Osborne afirma que a recompensa da Igreja – (144 mil) que persevera em Ap 7:1-8, no período da tribulação, é encontrada em Ap 7:9-17 (Igreja – Grande Multidão). Ou seja: isso retrata a "grande multidão" dos santos na eternidade, após terem suportado fielmente as pressões e a perseguição. Mas agora, estão diante do trono de Deus e do Cordeiro.[111]

---
108 WILCOCK, Michael. *A Mensagem do Apocalipse*. 1986. p. 34.
109 LADD, George. *Apocalipse*. 1980. p. 87.
110 LADD, George. *Apocalipse*. 1980. p. 88.
111 OSBORNE, Grant R. *Comentário Exegético Apocalipse*. 2014. p. 372.

## A NOVA JERUSALÉM (IGREJA) E A GRANDE MULTIDÃO

| CARACTERÍSTICAS | NOVA JERUSALÉM - IGREJA | GRANDE MULTIDÃO |
|---|---|---|
| 1 VESTES BRANCAS | Esposa ataviada para encontrar com o Esposo. (Ap 21:2) | Lavaram suas vestes no sangue do Cordeiro. (Ap 7:9,14) |
| 2 O TABERNÁCULO | O Tabernáculo de Deus entre os homens. (Ap 21:3) | Servem no Templo. (Tabernáculo) (Ap 7:15) |
| 3 LÁGRIMAS | Enxugará dos olhos toda lágrima. (Ap 21:4) | Enxugará dos olhos toda lágrima. (Ap 7:17) |
| 4 FONTE DA ÁGUA DA VIDA | Fonte da Água da vida. (Ap 21:6; Ap 22:1) | Fonte da Água da vida. (Ap 7:17) |

São aqueles que vêm de todos os povos, línguas e nações, os que vieram da grande tribulação.

### 1. Vestes

**a. Nova Jerusalém:** vestida como Noiva (de branco) para encontrar o Noivo.

> [...] Vi também a cidade santa, a nova Jerusalém, que descia do céu, da parte de Deus, **preparada como uma noiva enfeitada para o seu noivo**.
> Ap 21:2 NAA

**b. Multidão de branco**

> [...] Depois destas coisas, vi, e eis **grande multidão que ninguém podia contar**, de todas as nações, tribos, povos e línguas, em pé diante do trono e diante do Cordeiro, **vestidos de vestes brancas, com ramos de palmeira nas mãos**. [...] Respondi: – O senhor sabe. Então ele me disse: – Estes são os

que vêm da grande tribulação, **que lavaram suas vestes e as alvejaram no sangue do Cordeiro**.
Ap 7:9,14 NAA

### 2. Tabernáculo
**a. Nova Jerusalém:** o tabernáculo está descendo para habitar entre os homens. Deus está com eles.

> [...] Então ouvi uma voz forte que vinha do trono e dizia: – Eis o **tabernáculo de Deus com os seres humanos. Deus habitará com eles**. Eles serão povos de Deus, **e Deus mesmo estará com eles** e será o Deus deles.
> Ap 21:3 NAA

**b. Multidão de branco: eles servem ao Senhor no seu templo,** "tabernáculo".

> [...] Por isso, estão diante do trono de Deus e o **adoram de dia e de noite no seu santuário**. E aquele que está sentado no trono estenderá sobre eles o **seu tabernáculo**.
> Ap 7:15 NAA

### 3. Choro
**a. Nova Jerusalém:** Deus vai enxugar as lágrimas.

> [...] E lhes **enxugará dos olhos toda lágrima**. E já não existirá mais morte, já não haverá luto, nem pranto, nem dor, porque as primeiras coisas passaram.
> Ap 21:4 NAA

**b. Multidão de branco:** Deus vai enxugar as lágrimas.

> [...]. **E Deus lhes enxugará dos olhos toda lágrima**.
> Ap 7:17 NAA

### 5. Água da vida
**a. Nova Jerusalém:** receberá a fonte da água da vida.

> [...] Disse-me ainda: – Tudo está feito! Eu sou o Alfa e o Ômega, o Princípio e o Fim. Eu, a quem tem sede, **darei de graça da fonte da água da vida.**
> Ap 21:6 NAA

> [...] Então o anjo me mostrou **o rio da água da vida**, brilhante como cristal, que sai do trono de Deus e do Cordeiro.
> Ap 22:1 NAA

**b. Multidão de branco:** guiada para a fonte da água da vida.

> [...] pois **o Cordeiro** que está no meio do trono os apascentará e **os guiará para as fontes da água da vida**. E Deus lhes enxugará dos olhos toda lágrima.
> Ap 7:17 NAA

## A NOVA JERUSALÉM E OS 144 MIL

| CARACTERÍSTICAS | 144 MIL | NOVA JERUSALÉM |
|---|---|---|
| 1 O SELO | Ap 7:2-4; Ap 14:1-3 | Ap 22:4 |
| 2 O NÚMERO | Ap 7:4 | Ap 21:14-17 |
| 3 AS 12 TRIBOS | Ap 7:4 | Ap 21.12 |
| 4 NÃO SE ACHOU MENTIRA | Ap 14:5 | Ap 21:27 |

Aqui também não é diferente, as mesmas características da Nova Jerusalém – Igreja estão nos 144 mil.

### 1. O Selo

**a. 144 mil:** de todas as tribos de Israel, das 12 tribos de Israel.

> [...] Vi outro anjo que subia do nascente do sol, tendo **o selo do Deus vivo**. Ele gritou com voz bem forte aos quatro anjos, aqueles que tinham recebido poder para causar dano à terra e ao mar, dizendo: – Não danifiquem nem a terra, nem o mar, nem as árvores, até marcarmos com **um selo a testa dos servos do nosso Deus**. Então ouvi o número dos que **foram marcados com selo**. Eram **cento e quarenta e quatro mil**, **de todas as tribos dos filhos de Israel**.
> Ap 7:2-4 NAA

> [...] Olhei, e eis que o Cordeiro estava em pé sobre o monte Sião. Com ele estavam **cento e quarenta e quatro mil, que tinham escrito na testa o nome do Cordeiro e o nome de seu Pai**.
> Ap 14:1-3 NAA

### b. Nova Jerusalém:

> [...] Contemplarão a sua face, e na sua testa terão gravado o nome dele.
> Ap 22:4

## 2. O número
### a. 144 mil: o número 144 mil mencionado em Ap 7.4; Ap 14.1.

### b. Nova Jerusalém: o número 144 mil como um número de homem e de anjo; 12 fundamentos; 12 tribos de Israel e o nome dos 12 apóstolos (Ap 21:14-17).

> [...] A muralha da **cidade tinha doze fundamentos**, e sobre estes estavam os **doze nomes dos doze apóstolos do Cordeiro.** Aquele que falava comigo tinha por medida uma vara de ouro para medir a cidade, os seus portões e a sua muralha. A cidade tinha a forma de um quadrado, de comprimento e largura iguais. E mediu a cidade com a vara, e tinha **doze mil estádios**. O seu comprimento, largura e altura são iguais. Mediu também a sua muralha, e tinha **cento e quarenta e quatro côvados, pela medida humana que o anjo usava.**
> Ap 21:14-17 NAA

## 3. 12 tribos de Israel
### a. 144 mil: de todas as tribos de Israel; das 12 tribos de Israel.

> [...] Eram **cento e quarenta e quatro mil, de todas as tribos dos filhos de Israel.**
> Ap 7:4 NAA

**b. Nova Jerusalém:** as 12 tribos estão na Nova Jerusalém.

> [...] Tinha uma muralha grande e alta, com **doze portões**, e, junto aos portões, **doze anjos**. Sobre os portões estavam escritos nomes, a saber, os **nomes das doze tribos dos filhos de Israel.**
> Ap 21:12 NAA

### 4. Não se achou mentira
**a. 144 mil:** não há mentira; são irrepreensíveis diante de Deus.

> [...] **e não se achou mentira** na sua boca; não têm mácula.
> Ap 14:5 NAA

**b. Nova Jerusalém:** só entrará na Nova Jerusalém em quem não se achar mentira.

> [...] **Nela não entrará** nada que seja impuro, nem o que pratica abominação e **mentira**.
> Ap 21:27 NAA

### 144 MIL E A GRANDE MULTIDÃO

| CARACTERÍSTICAS | 144 MIL | GRANDE MULTIDÃO |
|---|---|---|
| 1 DIANTE DO TRONO | Ap 14:3 | Ap 7:9, 15 |
| 2 SEGUEM O CORDEIRO | Ap 14:4 | Ap 7:17 |

### 1. Estão diante do trono
**a. 144 mil:** eles estão diante do trono.

[...] **Entoavam um cântico novo diante do trono**, diante dos quatro seres viventes e dos anciãos. E ninguém podia aprender o cântico, senão os **cento e quarenta e quatro mil que foram comprados da terra.**
Ap 14:3 NAA

**b. Grande multidão:** também se encontra diante do trono.

[...] Depois destas coisas, vi, e eis **grande multidão** que ninguém podia contar, de todas as nações, tribos, povos e línguas, em pé **diante do trono e diante do Cordeiro**, vestidos de vestes brancas, com ramos de palmeira nas mãos. [...] **Por isso, estão diante do trono de Deus e o adoram de dia e de noite no seu santuário.** E aquele que **está sentado no trono** estenderá sobre eles o seu tabernáculo.
Ap 7:9, 15 NAA

## 2. Seguidores do Cordeiro por onde quer que Ele vá

**a. 144 mil:** eles seguem o Cordeiro por onde Ele andar.

[...] Estes são os que não se macularam com mulheres, porque são virgens. **Eles seguem o Cordeiro por onde quer que ele vá.**
Ap 14:4 NAA

**b. Grande multidão:** o Cordeiro é o pastor que vai guiá-los.

[...] pois o **Cordeiro** que está no meio do trono **os apascentará e os guiará** para as fontes da água da vida. E Deus lhes enxugará dos olhos toda lágrima.
Ap 7:17 NAA

17

# As Duas Testemunhas

Em Apocalipse 11:3, é mencionado que nos últimos dias aparecerão duas testemunhas que irão profetizar por 1260 dias.

Diversas são as interpretações sobre quem são essas duas testemunhas. Alguns acreditam serem duas pessoas literais, outros creem em um sentido alegórico. Assim surgem as teorias de que podem ser Elias e Moisés, Enoque e Elias, Josué e Zorobabel, Novo e Antigo Testamento, a Lei e os Profetas.

Mas, afinal, quem são as duas testemunhas descritas em Apocalipse? O que realmente as Escrituras dizem a respeito delas?

## POR QUE DUAS TESTEMUNHAS?

A expressão "duas testemunhas" aparece no "sistema judiciário" da Lei de Moisés, quando Deus determina que precisava de, no mínimo, duas a três testemunhas para validar a veracidade da acusação/"julgamento".

O interessante é que o livro de Apocalipse mostra que Deus irá trazer juízo sobre a Grande Babilônia e todo o império do anticristo e aqueles que o servem.

Para que o Senhor traga Seu julgamento, Ele escolhe o que declara na Lei e era necessário: pelo menos duas testemunhas.

> [...] São estas as **duas oliveiras e os dois candelabros que estão em pé diante do Senhor** da terra. Se alguém pretende causar-lhes dano, da boca dessas testemunhas sai fogo e devora os inimigos; sim, se alguém pretender causar-lhes dano, certamente deve morrer. Elas têm autoridade para fechar o céu, para que não chova durante os dias em que profetizarem. Têm autoridade também sobre as águas, para transformá-las em sangue, bem como para ferir a terra com todo tipo de flagelos, tantas vezes quantas quiserem.
> Ap 11:4-6 NAA

Aqueles que acreditam ser **Enoque e Elias** se baseiam no fato de que eles foram os únicos na história que não foram mortos, sendo assim, eles precisariam voltar à Terra para passar pela morte. E a base para esse argumento se encontra em Hebreus 9:27: "E, assim como aos homens está ordenado morrerem uma só vez, vindo, depois disto, o juízo".

Porém, isso não faz muito sentido, pois se essa afirmação estiver correta, o que vai acontecer com aqueles que serão arrebatados na volta de Cristo? Eles precisarão voltar para morrer assim como Enoque e Elias?

Veja o porquê de **Enoque** ser trasladado nesta passagem de Hebreus 11:5: "Pela fé, Enoque foi trasladado *para não ver a morte*". Isto é, foi justamente para que não morresse. Então, a própria Bíblia nos mostra que tal afirmação está incoerente.

Uma coisa que podemos afirmar é que em Apocalipse 11:4 são apontadas duas pessoas: Elias e Moisés. Mas será que essa referência é no sentido literal?

- **Elias**

A Bíblia fala que elas têm autoridade para fechar o céu, para que não chova durante os dias em que profetizarem, e isso nos remete a Elias. Veja:

> **a. Três anos e meio:** a Bíblia diz que Elias orou para que não chovesse durante três anos e meio e, durante esse período, não choveu. Esses três anos e meio estão ligados a Apocalipse 11:3, e o que diz respeito aos 1260 dias ou 42 meses, podemos ler no versículo anterior.
>
> **b. Fechar o céu:** também é mencionado, no versículo 6, que elas terão poder para fechar o céu, fazendo que não chova nos dias da sua profecia. E qual personagem da Bíblia teve esse poder? Elias.

Com isso, entendemos claramente que Elias está sendo citado aqui.

- **Moisés**

O versículo 6 diz que eles terão poder para converter as águas em sangue, e para ferir a Terra com toda a sorte de pragas quantas vezes quiserem. E qual foi o personagem que transformou água em sangue e feriu a Terra com muitas pragas? Moisés.

Infelizmente, mediante uma errônea interpretação, alguns se precipitam com esses fundamentos e já concluem que as duas testemunhas são Elias e Moisés, pois elas têm o poder de fechar o céu para que não chova, poder para transformar água em sangue e fazer com que muitas pragas venham sobre a Terra.

Mas se somente essas forem as bases para fazermos tal declaração, infelizmente isso nos leva a um grande equívoco, pois esse mesmo capítulo nos mostra não só dois personagens, Elias e Moisés, mas também outros cinco do Antigo Testamento.

- **Josué e Zorobabel**

No versículo 4 também é dito que as duas testemunhas são as duas oliveiras e os dois castiçais que estão diante do Deus da Terra.

Em Zacarias 4:1-14, fala-se sobre essas duas oliveiras e os dois castiçais que estão diante do Deus da Terra. Ao lermos seu contexto, veremos que esse texto está sendo profetizado, inicialmente, para duas pessoas: Josué e Zorobabel.

>**a. Josué**: o sacerdote. Líder religioso responsável pela restauração do templo e pela palavra de Deus ao coração do povo.

>**b. Zorobabel**: governador e líder político.

Assim, Apocalipse 11:4, ao mencionar as duas oliveiras e os dois castiçais, faz referência também a Josué e Zorobabel, que foram responsáveis por restaurar, no seu tempo, a palavra de Deus no meio do povo.

Agora, veja que no versículo 5 surge uma terceira pessoa, que no seu tempo serviu como profeta de Deus perante o povo.

- **Jeremias**

> [...] Se alguém pretende causar-lhes dano, **da boca dessas testemunhas sai fogo e devora os inimigos**; sim, **se alguém pretender causar-lhes dano, certamente deve morrer.**
> Ap 11:5 NAA

Você sabe qual é o personagem da Bíblia que está relacionado a essa passagem?

> [...] Visto que eles proferiram tais palavras, eis que transformarei em **fogo as minhas palavras na sua boca e farei deste povo a lenha; e o fogo os consumirá.**
> Jr 5:14b NAA

Deus fala que transformaria em fogo as palavras na boca de Jeremias para consumir aquele povo, isso em sentido figurado e não literal.

Com isso, a Bíblia nos mostra claramente que antes de chegarmos no versículo 6, onde Elias e Moisés aparecem, outras três testemunhas já estão sendo mencionadas: Josué, Zorobabel e Jeremias. E só depois surgem Elias e Moisés, ou seja, não duas, mas cinco pessoas. Por isso, é incoerente a afirmação de que as duas testemunhas serão Elias e Moisés.

Veja que cada vez fica mais evidente que Deus não está falando sobre duas testemunhas literais, e sim simbólicas, tipificando não apenas Elias e Moisés, mas também Josué, Zorobabel e Jeremias.

Outro fato importante é que se Moisés e Elias irão voltar à Terra, Josué, Zorobabel e Jeremias também terão que voltar. Mas sabemos que isso não irá acontecer.

Está evidente que as duas testemunhas não são literais, mas simbólicas.

Veja que há base na profecia de Malaquias 4:5: "eis que eu vos enviarei o profeta Elias, antes que venha o grande e terrível Dia do SENHOR".

Nos dias de Jesus, os judeus criam que Elias viria em carne antes do Messias; tanto é que, quando viram João Batista, eles perguntaram: "És tu o Elias que há de vir?". João responde:

> [...] Quem é você, então? **Você é Elias? Ele disse: – Não sou**.
> Jo 1:20-21 NAA

Mas isso parece ser contraditório, pois Jesus nos fala que Elias já veio, e ele era João Batista.

> [...] Então perguntaram a Jesus: – Por que os escribas dizem ser necessário que Elias venha primeiro?
> [...] Eu, porém, lhes digo que Elias já veio, e fizeram com ele tudo o que quiseram, como está escrito a respeito dele.
> Mc 9:11,13 NAA

> [...] E, se vocês o querem reconhecer, ele mesmo é Elias, que estava para vir.
> Mt 11:14 NAA

Jesus afirma que João Batista era Elias. Mas não no sentido literal. João não era a encarnação de Elias; isso não faz sentido. O próprio João negou ser Elias. Ao fazer tal afirmação, Jesus está dizendo que o mesmo Espírito que estava sobre Elias, agora, está sobre João Batista.

Tal qual os judeus acreditavam que Elias voltaria de uma forma literal no tempo de Jesus, muitos nos dias de hoje também acreditam que Elias e Moisés vão voltar para profetizar no fim dos tempos. Deixe-me dizer uma coisa: Elias e Moisés não vão voltar; a Bíblia nos esclarece muito bem esse assunto.

João Batista carregava o mesmo Espírito que foi liberado sobre Elias. Ele não era Elias.

Então, antes da primeira vinda do Messias, João foi levantado com a mesma unção e autoridade que estava sobre Elias. Agora, antes da segunda vinda de Cristo, Deus também vai levantar um povo que irá andar no mesmo Espírito de Elias e Moisés.

E, assim como João Batista, Deus irá levantar duas testemunhas, "um povo" que carregará o mesmo Espírito pelo qual Deus capacitou Elias, Moisés, Josué, Zorobabel e Jeremias.

Mas se as duas testemunhas são simbólicas e não pessoas, literalmente, quem são elas?

## QUEM SÃO AS DUAS TESTEMUNHAS?

Durante toda a história da humanidade veremos que Deus sempre levanta pessoas para darem testemunhos de Deus e de Jesus.

Veja alguns exemplos de pessoas que a Bíblia nos mostra, e que são mencionadas como testemunhas:

### 1. O Pai e o Filho:

> [...] Também na Lei de vocês está escrito que o testemunho de duas pessoas é verdadeiro. **Eu dou testemunho de mim mesmo, e o Pai, que me enviou, também dá testemunho de mim.**
> Jo 8:17-18 NAA

## 2. Israel e o Messias que há de vir:

> [...] **Vocês são as minhas testemunhas**, diz o Senhor.
> Is 43:10 NAA

## 3. O Espírito Santo e os discípulos:

> [...] **Quando, porém, vier o Consolador**, que eu enviarei a vocês da parte do Pai, o Espírito da verdade, que dele procede, **esse dará testemunho de mim. E vocês também testemunharão**, porque estão comigo desde o princípio.
> Jo 15:26-27 NAA

## 4. A Bíblia

> [...] vocês estudam cuidadosamente as Escrituras, porque pensam que nelas vocês têm a vida eterna. E **são as Escrituras que testemunham a meu respeito.**
> Jo 5:39 NVI

| PESSOAS MENCIONADAS PELA BÍBLIA COMO TESTEMUNHAS | | | |
|---|---|---|---|
| O PAI E O FILHO | ISRAEL E O MESSIAS | O ESPÍRITO SANTO E OS DISCÍPULOS | A BÍBLIA |

No livro de Apocalipse está escrito que surgirão duas testemunhas, em um sentido simbólico, que irão profetizar nos últimos dias.

Para que possamos descobrir quem são essas testemunhas, precisamos conectar as características descritas em Apocalipse com aqueles que, segundo Deus, possuem as mesmas particularidades. A partir disso, encontraremos nossa resposta.

## AS CARACTERÍSTICAS DAS DUAS TESTEMUNHAS

| CARACTERÍSTICAS DAS DUAS TESTEMUNHAS ||
|:---:|:---:|
| 2 OLIVEIRAS | 2 CANDELABROS |

> [...] Darei autoridade às minhas **duas testemunhas** para que **profetizem durante mil duzentos e sessenta dias**, vestidas de pano de saco. **São estas as duas oliveiras e os dois candelabros que estão em pé diante do Senhor da terra.**
> Ap 11:3-4 NAA

**1. Duas oliveiras:** a primeira característica sobre as duas testemunhas é que elas são as duas oliveiras. Como vimos, Zacarias 4 fala sobre as duas oliveiras e os dois castiçais (em seu contexto, Zorobabel e Josué).

E, conforme sabemos, nenhum outro povo na Bíblia é chamado de oliveira, a não ser o povo de **Israel**, assim nomeado por Deus.

> [...] **O Senhor a chamou de oliveira verde**, formosa por seus deliciosos frutos. Mas agora, ao som de grande tumulto, acendeu fogo ao redor dela e **quebrou os seus ramos.** Porque o Senhor dos Exércitos, que a plantou, anunciou contra você uma calamidade, **por causa do mal que a casa de Israel e a casa de Judá praticaram.** Porque me provocaram à ira, queimando incenso a Baal.
> Jr 11:16-17 NAA

*A oliveira verde é Israel*, a qual tem seus ramos quebrados; e isso nos remete a Romanos 11. E, conforme já lemos, Israel foi quebrado e dividido em dois: Casa de Israel (zambujeiro – oliveira brava) e Casa de Judá (ramos naturais). Então, quem são as duas oliveiras? A Casa de Judá (judeus) e a Casa de Efraim (gentios).

**2. Duas testemunhas:** outra característica é que elas são testemunhas. Se as duas oliveiras são a Casa de Israel e a Casa de Judá, será que está correto afirmar que essas são as duas testemunhas?

Para isso, é necessário saber quem na Bíblia é chamado por Deus de testemunha:

> [...] "**Vocês são as minhas testemunhas**", diz o Senhor. "Vocês são o meu servo a quem escolhi, para que vocês saibam, creiam em mim e entendam que eu sou, e que antes de mim deus nenhum se formou, e depois de mim nenhum haverá. [...] Eu anunciei salvação, eu a realizei e a fiz ouvir; deus estranho não houve entre vocês, pois **vocês são as minhas testemunhas**", diz o Senhor. "Eu sou Deus".
> Is 43:10, 12 NAA

Nós somos o Israel de Deus, o Israel da promessa. E as Escrituras nos mostram que Israel é chamado de testemunha pelo Senhor. Isso significa que somos testemunhas de Deus!

Veja o que diz Atos:

> [...] mas **vocês receberão poder**, ao descer sobre vocês o Espírito Santo, **e serão minhas testemunhas** tanto em Jerusalém como em toda a Judeia e Samaria e até os confins da terra.
> At 1:8 NAA

E quanto a esse povo sobre o qual está a promessa? Também é a Igreja, o Israel de Deus.

Você consegue ver que tanto as duas oliveiras quanto as duas testemunhas falam de povos específicos? Efraim e Judá (judeus e gentios unidos em Cristo); o Israel de Deus, o Israel da promessa: a Igreja.

E é por isso que todas as evidências apontam que as duas testemunhas não são duas pessoas literais, mas sim, dois povos.

### 3. Castiçais / Candelabros:

Qual personagem das Escrituras é chamado de castiçal? Acredito que você já saiba a resposta.

> [...] e os **sete candelabros são as sete igrejas.**
> Ap 1:20 NAA

Isso mesmo. Os castiçais são a Igreja, o Israel da promessa.

Mas espere um momento... Apocalipse 11 descreve duas testemunhas (castiçais) e não sete. Será que algo está errado?

Não, nada está errado. Atente-se para algo:

O número 7 simboliza inteireza, totalidade, plenitude, perfeição[112], ou seja: em Apocapipse 1:20, quando fala-se sobre 7 castiçais (7 igrejas), podemos entender que esse número nos remete à totalidade da Igreja.

Com isso entendemos que 2 testemunhas = 2 castiçais.

Ou seja, de uma totalidade de 7 castiçais (7 igrejas), Deus irá separar 2 grupos (2 testemunhas, 2 oliveiras, 2 castiçais). Representando uma parte da Igreja que irá atuar com poder nos últimos dias.

Perceba que em Apocalipse 11:4, João descreve as duas testemunhas usando a imagem extraída da visão de Zacarias 4:2-6[113].

> [...] Vejo um **candelabro de ouro** e um **vaso de azeite** em cima com as suas **sete lâmpadas e sete tubos**, um para cada uma das lâmpadas que estão em cima do candelabro.
> Zc 4:2 NAA

---

112 DUKE, Dan. *Nomes e Números Bíblicos*. p. 39.
113 OSBORNE, Grant R. *Comentário Exegético Apocalipse*. 2014: p. 474.

**Castiçal /candelabro:** representa a Igreja; que é a luz do mundo. [114]

**O ouro**: é símbolo da natureza e do caráter de Deus. O ouro fala da divindade, representa os atributos de Deus. Assim, o ouro é um símbolo da verdade de Deus, da revelação de Deus.[115] No livro de Lamentações[116], Jeremias se depara com uma Igreja que perdeu o seu ouro. Por isso em Apocalipse Jesus diz à Igreja que compre ouro refinado – Apocalipse 3:18.[117]

[...] E, por cima dele, **duas oliveiras**, uma à direita do vaso de azeite, e outra à sua esquerda.
Zc 4:3 NAA

**O número 2 (dois):** é um número profético que representa testemunho.

**As 2 (duas) oliveiras:** fazem referência aos "dois ungidos que servem o Senhor de toda a terra"[118].

Segundo Dan Duke, as duas oliveiras representam a Igreja fiel que possui o azeite dourado – uma Igreja que carrega o tesouro de Deus, as preciosas coisas de Deus, e que transfere isso para outros[119].

---

114    DUKE, Dan. *Os preciosos filhos de Sião*. p. 23.
115    DUKE, Dan. *Os preciosos filhos de Sião*. p. 26.
116    Lamentações 4
117    DUKE, Dan. *Os preciosos filhos de Sião*. p. 10.
118    Zacarias 4:14
119    DUKE, Dan. *Os preciosos filhos de Sião*. p. 27.

Uma Igreja que recebe poder do Espírito para cumprir o seu chamado mantendo o testemunho profético diante do mundo (Zc 4:12)[120].

Grant R. Osborne também descreve o Espírito Santo como "os olhos do Senhor", que são colocados sobre as duas testemunhas/Igreja.

John Stott relata que João faz com que o castiçal se torne em dois para o conformar com as duas oliveiras, e declara que tanto as oliveiras como os castiçais significam a mesma coisa: a Igreja em sua capacidade profética[121].

As 2 oliveiras, 2 testemunhas, os 2 candelabros apontam especificamente para as duas igrejas que triunfaram por meio do sofrimento (Esmirna e Filadélfia). Essa proposta é possível, pois as duas testemunhas simbolizarão a Igreja "fiel" que persevera em seu testemunho.[122]

Algo interessante é que o azeite dourado sai das 2 oliveiras e percorre 2 tubos de ouro, e assim é espalhado para as 7 lâmpadas.

Você consegue compreender o significado disso?

Um castiçal com 7 tubos, porém 2 irão transferir azeite dourado para os demais. E quem são esses 2 que transferem azeite dourado? A Igreja fiel.

Dan Duke escreve que esse número 2 (dois) fala de uma companhia de pessoas chamada "os filhos do óleo", que carregam o testemunho do Senhor Jesus Cristo em suas bocas, e que possuem a Palavra de Deus, não UMA palavra, mas A PALAVRA DE DEUS. Não é apenas UMA mensagem, mas sim A MENSAGEM[123].

---

120 OSBORNE, Grant R. *Comentário Exegético Apocalipse*. 2014: p. 475.
121 STOTT, John. *Comentário de Apocalipse*. p. 16.
122 OSBORNE, Grant R. *Comentário Exegético Apocalipse*. 2014: p. 475.
123 DUKE, Dan. *Os preciosos filhos de Sião*. p. 27.

Ao analisarmos as sete igrejas (castiçais) de Apocalipse, veremos que apenas duas (igrejas/castiçais/testemunhas) não recebem a carta de repreensão de Deus: Esmirna e Filadélfia.

Então, do total de sete igrejas, apenas duas são testemunhas fiéis, e isso nos remete às duas testemunhas descritas em Apocalipse 11.

Tudo se conecta de maneira perfeita.

Temos 2 igrejas fiéis, que são os 2 castiçais, também mencionadas como 2 testemunhas, 2 oliveiras ou 2 tubos que transferem azeites dourados, manifestando a revelação de Deus para as demais igrejas à sua volta.

**Tipos de Igrejas:**

**a. Esmirna:** eles passarão pela grande tribulação e morrerão, mas observe que eles serão fiéis até a morte. E como prêmio, receberão a coroa da vida.

> [...] Não tenha medo das coisas que você vai sofrer. Eis que o diabo está para lançar alguns de vocês na prisão, para que vocês sejam postos à prova, e **passem por uma tribulação de dez dias. Seja fiel até a morte, e eu lhe darei a coroa da vida.**
> Ap 2:10 NAA

**b. Filadélfia:** é parte da Igreja que também passará pela grande tribulação, mas ao contrário de Esmirna, eles serão guardados por Deus.

> [...] Você guardou a palavra da minha perseverança. Por isso, também **eu o guardarei da hora da provação** que há de vir sobre o mundo inteiro, para pôr à prova os que habitam sobre a terra.
> Ap 3:10 NAA

Todas as características mencionadas sobre as duas testemunhas são as mesmas.

Lembre-se de que Deus descreve Seu povo como a Igreja do Senhor, o Israel de Deus, Casa de Israel e Casa de Judá (judeus e gentios unidos em Cristo).

O que acontecerá com as 2 testemunhas durante o tempo em que estiverem exercendo seu chamado?

### AS 2 TESTEMUNHAS E A IGREJA

**1. Atormentam a Terra:**

Outro fato importante para analisarmos sobre esta passagem é que os dois profetas têm atormentado os que moram na Terra.

| 2 TESTEMUNHAS | IGREJA |
|---|---|
| Atormentarão a Terra. (Ap 11:10) | Atormenta a Terra. (At 17:6b) |
| Profetizarão. (Ap 11:6) | A Igreja que profetizará nos últimos dias. (Jl 2:28-31) |
| A besta fará guerras contra elas. (Ap 11:7) | Haverá guerra contra os santos. (Dn 7:21) |
| Serão mortas e seus cadáveres ficarão expostos. (Ap 11:9) | Santos serão mortos. (Dn 7:21) |
| Serão arrebatadas. (Ap 12b) | Será arrebatada. (1 Ts 4:17) Profecia do vale de ossos secos. (Ez 37:9-11) |

[...] Os que habitam sobre a terra se alegrarão por causa da morte dessas **duas testemunhas**, realizarão festas e enviarão presentes uns aos outros, porque **esses dois profetas atormentaram os que moram sobre a terra.**

Ap 11:10 NAA

E quem eram os que estavam alvoroçando o mundo? A Igreja, os discípulos, judeus e gentios.

> [...] **Estes que promovem tumulto em todo o mundo** chegaram também aqui,
> At 17:6b NAA

**2. Têm autoridade quando profetizam:**

> [...] Elas **têm autoridade para fechar o céu**, para que não chova durante os dias em que profetizarem. **Têm autoridade também sobre as águas**, para transformá-las em sangue, bem como para ferir a terra com todo tipo de **flagelos**, tantas vezes quantas quiserem.
> Ap 11:6 NAA

No tempo em que as duas testemunhas estiverem profetizando, elas terão autoridade para ferir a Terra com toda a sorte de **flagelos** *[no original, plage: praga]* que quiserem.

O livro de Joel contém uma profecia à Igreja, para os últimos dias:

> [...] "E acontecerá, depois disso, que **derramarei o meu Espírito sobre toda a humanidade. Os filhos e as filhas de vocês profetizarão**, os seus velhos sonharão, e os seus jovens terão visões. Até sobre os servos e sobre as servas derramarei o meu Espírito naqueles dias. **Mostrarei prodígios no céu e na terra: sangue, fogo e colunas de fumaça.** O sol se transformará em trevas, e a lua, em sangue, antes que venha o grande e terrível Dia do Senhor."
> Jl 2:28-31 NAA

## 3. Lidam com guerras:

> [...] quando tiverem, então, concluído o testemunho que devem dar, a besta que surge do abismo **pelejará contra elas, e as vencerá, e matará**.
> Ap 11:7 NAA

O profeta Daniel também profetizou sobre o chifre, "a besta", que fará guerra com os santos, "a Igreja", e os vencerá. Serão dois eventos separados?

Não, como estamos vendo, as duas testemunhas são a Igreja, judeus e gentios, e esses dois relatos, na verdade, são os mesmos eventos, porém, em perspectivas diferentes.

> [...] Foi-lhe permitido, também, que **lutasse contra os santos e os vencesse**.
> Ap 13:7 NAA

> [...] Enquanto eu olhava, eis que **esse chifre fazia guerra contra os santos e estava vencendo**.
> Dn 7:21 NAA

## 4. Cadáveres:

Também está escrito que os corpos das duas testemunhas ficarão na cidade por três dias e meio. Mas o interessante é que no original não é mencionado no plural, "corpos ou cadáveres", mas "corpo, cadáver" ($\pi\tau\omega\mu\alpha$)[124], no singular. Se são duas testemunhas, como isso é possível?

---

124  $\pi\tau\omega\mu\alpha$: corpo caído de alguém morto ou assassinado, cadáver, defunto, carcaça. Singular, e não plural.

> [...] Então, muitos dentre os povos, tribos, línguas e nações contemplarão **os cadáveres das duas testemunhas, por três dias e meio, e não permitirão que esses cadáveres sejam sepultados.**
> Ap 11:9 NAA

Em Português e em alguns outros idiomas, esse texto está no plural para fazer mais sentido de acordo com a língua. Entretanto, no original a palavra "cadáver" não está no plural, mas sim no singular. Sendo assim, de acordo com o que estamos acompanhando, as duas testemunhas são dois povos que, por intermédio de Cristo, formam um só: Israel de Deus, a Igreja. Viu como faz todo sentido?

### 5. Arrebatamento:

Assim como a Igreja será arrebatada aos céus em uma nuvem, com as duas testemunhas será da mesma forma.

> [...] depois, nós, os vivos, os que ficarmos, **seremos arrebatados juntamente com eles, entre nuvens**, para o encontro com o Senhor nos ares, e, assim, estaremos para sempre com o Senhor.
> 1 Ts 4:17 NAA

**As duas testemunhas:** [...] E subiram ao Céu numa nuvem, e os seus inimigos as contemplaram (Ap 11:12b).

Assim como as duas testemunhas que foram mortas e tiveram partes de seus corpos colocadas nas praças, Ezequiel profetizou sobre toda a Casa de Israel que foi morta. E ela voltou à vida:

> [...] Então ele me disse: – **Profetize ao espírito. Profetize, filho do homem**, e diga ao espírito: Assim diz o Senhor Deus: "**Venha dos quatro ventos, ó espírito, e sopre sobre estes mortos, para**

> que vivam." **Profetizei** como ele me havia ordenado. **O espírito entrou neles, eles viveram e se puseram em pé. Formavam um exército, um enorme exército.** Então ele me disse: – Filho do homem, **esses ossos são toda a casa de Israel**.
> Ez 37:9-11 NAA

Ao profetizar, o espírito de vida entrou naqueles corpos, formando um numeroso exército. Já temos entendimento de que as duas testemunhas ressuscitarão em Cristo, e uma Igreja tão numerosa quanto as estrelas do céu e a areia da praia se levantará para reinar com Cristo.

> [...] Mas, **depois dos três dias e meio, entrou neles um espírito de vida vindo da parte de Deus, e eles se ergueram sobre os pés**, e aqueles que os viram ficaram com muito medo.
> Ap 11:11 NAA

E assim como está escrito, depois de três dias e meio, um espírito de vida vindo da parte de Deus entrará novamente nas duas testemunhas.

### A ÚLTIMA SEMANA DE DANIEL

O livro de Apocalipse aponta para a última semana de Daniel: isso nos leva aos sete anos finais descritos em Apocalipse, que, ao serem divididos, restarão três dias/anos e meio.

## O TEMPO DE SEU TESTEMUNHO

As duas testemunhas estarão na Terra por três dias e meio, certo?

Contudo, veja que Apocalipse 11:2 narra um período de 42 meses em que *calcarão aos pés a cidade santa*. Esse período resume-se a três anos e meio.

Em Apocalipse 11:3 está escrito que elas profetizarão por 1260 dias (três anos e meio).

John Stott interpreta que os quarenta e dois meses conforme Ap 12:6 (mil duzentos e sessenta dias) e Ap 12:14 (tempo, tempos, e a metade de um tempo), representam todas as expressões equivalentes aos três anos e meio do reino do anticristo. O mesmo cálculo aparece em Dn 7:25-12:7.[125]

Se o livro de Apocalipse representa a última semana de Daniel (sete anos) quando menciona três dias e meio, entendemos que está se referindo a três anos e meio.

Desta forma, teremos três anos e meio de falsa paz, com o anticristo reinando sobre a Terra. E, nos três anos e meio finais, ele iniciará a perseguição à Igreja, "duas testemunhas", até a volta de Cristo.

---

125  STOTT, John. *Comentário de Apocalipse*. p. 15.

18

# Igreja "Ekklesia" – O Qahal de Deus

## QAHAL E EKKLESIA

Tanto eu quanto grande parte dos cristãos da minha geração fomos ensinados que a Igreja teve sua origem no livro de Atos capítulo 2, quando acontece o derramamento do Espírito Santo. Mas, ao examinarmos as Escrituras, podemos perceber que a Igreja já estava presente desde os tempos de Moisés, quando ele guiava o povo em direção à Terra Prometida.

Bom, este é o capítulo final, e nele teremos a oportunidade de aprofundar nosso conhecimento sobre esse princípio, o que nos conduzirá a um entendimento correto sobre quem é a Igreja e quem é Israel.

Ao lermos o Novo Testamento, percebemos que seus autores se referem à congregação dos crentes, à **Igreja**, utilizando o vocábulo grego *Ekklesia.*

Analise comigo o significado desta palavra grega:

**Ekklesia**: um chamado para fora, isto é, uma reunião popular, especialmente uma congregação religiosa (sinagoga judaica, ou comunidade cristã de membros na terra ou santos no céu ou ambos): assembleia, igreja.[126]

Veja, *Ekklesia* é a tradução da palavra hebraica *Qahal*. Essa tradução é conhecida como Septuaginta, a tradução do Antigo Testamento do hebraico para o grego, que aconteceu por volta de 175 a.C.

Nesse caso, na Septuaginta, a palavra hebraica *Qahal*, "congregação de Israel", na maioria das vezes foi traduzida no Novo Testamento como *Ekklesia*, que apesar de conhecida por nós como Igreja, em alguns casos veremos traduzida como "sinagoga" ou "congregação".

Atente-se a algo muito interessante: a Igreja de Deus, *Qahal Ha-Elohim / Qahal YHWH* em hebraico, aparece 12 vezes nas Escrituras.

Assim, também, o vocábulo grego *Ekklesia Tou Theou* (Assembleia de Deus, Congregação de Deus, Povo de Deus) ocorre 12 vezes nas Escrituras gregas.

| QAHAL HA-ELOHIM \| QAHAL YHWH A IGREJA DE DEUS | EKKLESIA TOU THEOU (ASSEMBLEIA DE DEUS, CONGREGAÇÃO DE DEUS, POVO DE DEUS) |
|---|---|
| Números 16:3; 20:4 | Atos 20:28 |
| Deuteronômio 23:1-8 (6x) | 1 Coríntios 1:2; 10:32; 11:16, 22; 15:9 |
| Juízes 21:5 | 2 Coríntios 1:1 |
| 1 Crônicas 28:8 | Gálatas 1:13 |
| Neemias 13:1 | 1 Tessalonicenses 2:14 |
| Miqueias 2:5 | 2 Tessalonicenses 1:4 |
| | 1 Timóteo 3:5,15 |

---

126  Fonte: blueletterbible.org: *Strong's Definitions Legend* – ἐκκλησία ekklēsía.

Com isso, entendemos que os termos *Qahal*, *Ekklesia* ou **Igreja de Deus** possuem o mesmo significado, sendo ele a **congregação do povo de Deus** ao longo dos séculos; ou seja: **o Israel de Deus**.

A partir desse entendimento, vamos examinar esse conceito um pouco mais profundamente.

> [...] Foi ainda **Moisés quem disse aos filhos de Israel: "Deus fará com que, do meio dos irmãos de vocês, se levante um profeta semelhante a mim."** É este Moisés quem esteve **na congregação ["Ekklesia"] no deserto**...
> At 7:37-38 NAA

Repare que a palavra "congregação" é traduzida como "Ekklesia" no grego, como vimos. Por isso, ao lermos o original, podemos compreender que a Igreja, *Ekklesia*, estava presente no deserto durante o período descrito no Antigo Testamento, e ela era... **Israel**!

Assim, passamos a entender o motivo de *Qahal*, contida no Antigo Testamento, ter sido traduzida na Septuaginta como "Ekklesia".

> [...] Deus disse a ele: – Você se chama Jacó, mas o seu nome não será mais Jacó; **o seu nome será Israel. E lhe deu o nome de Israel.** Disse-lhe mais: – Eu sou o Deus Todo-Poderoso; **seja fecundo e multiplique-se; uma nação e multidão de nações sairão de você, e reis** procederão de você.
> Gn 35:10-11 NAA

Aqui, estamos vendo o momento em que Deus muda o nome de Jacó para Israel. Note que após isso acontecer, Deus libera uma promessa sobre ele: **"Frutifique e multiplique-se"**.

Portanto, sabemos que a promessa de frutificar e multiplicar vem para Israel, e que por seu intermédio (Jacó, Israel), uma nação teria origem. E qual é essa nação? *Israel*, antes da divisão do Reino; após a divisão, apenas a *Casa de Judá* continuou sendo identificada como **Israel**, enquanto as demais tribos se espalharam entre as nações. Agora, observe que uma **multidão de nações** também sairia de Jacó. No original, *multidão de nações: Qahal ha Goy*[127], ou seja, *Ekklesia* dos gentios.

Por isso, em João 10:16, Jesus se dirige aos judeus, e menciona que Ele tem outras ovelhas que não eram daquele aprisco. Ele se referia à *ovelha perdida*, que como sabemos é Efraim (o Reino do Norte), o qual recebe a bênção de Jacó e se dispersa entre as nações (gentios),[128] se tornando a semente plantada (Jezreel)[129], para que da sua descendência surgisse a Ekklesia (igreja) dos gentios.[130]

Conforme vimos desde o início, a palavra "frutificar" deriva da palavra hebraica *"Parah"*, e sua origem vem da palavra **Efraim,** que significa *"frutífero"*. Por isso, quando José apresenta seus filhos para Jacó abençoar, ele pergunta o nome dos dois. Ao ouvir o nome **Efraim**, que significa *"duplamente frutífero"*, Jacó já sabia que esse era quem deveria ser abençoado como primogênito, carregando a bênção da frutificação e multiplicação feita a Abraão, Isaque e Jacó, e que agora cai sobre ele: Efraim.

---

127    Capítulo 3: O Israel de Deus.
128    Oseias 7:8: *"Efraim se mistura com os povos e é um pão que não foi virado na hora de assar"*.
129    Oseias 1: Jezreel (Deus semeia) – Filho de Oseias – símbolo da infidelidade da Casa de Israel (Efraim). Oseias 2:23: *"Semearei Israel para mim na terra e compadecer-me-ei da Desfavorecida; e a Não-Meu-Povo direi: Tu és o meu povo! Ele dirá: Tu és o meu Deus".*
130    Capítulo 3: A bênção de Jacó: *"uma nação e multidão de nações sairão de você".* Gn 35:10-11 NAA.

> [...] Mas seu pai recusou e disse: – Eu sei, meu filho, eu sei. Ele também será um povo, também ele será grande. Mas o seu irmão menor será maior do que ele, e **a sua descendência será uma multidão de nações (plenitude dos gentios)**.
> Gn 48:19 NAA

## A IGREJA – UMA MULTIDÃO DE PESSOAS QUE ACREDITAM EM JESUS

Para Deus, a Ekklesia/Qahal/Igreja ou congregação de pessoas consiste de ambos: os nascidos naturais judeus e os não judeus (gentios), que aceitam Jesus como o Messias prometido.

> [...] **Todos vocês são filhos de Deus mediante a fé em Cristo Jesus**, [...] **Não há judeu nem grego**, escravo nem livre, homem nem mulher; **pois todos são um em Cristo Jesus**.
> Gl 3:26, 28 NVI

> [...] Se você confessar com a sua boca que Jesus é Senhor e crer em seu coração que Deus o ressuscitou dentre os mortos, será salvo. Pois com o coração se crê para justiça, e com a boca se confessa para salvação. Como diz a Escritura: "Todo o que nele confia jamais será envergonhado". **Não há diferença entre judeus e gentios**, pois o mesmo Senhor é Senhor de todos e abençoa ricamente todos os que o invocam, porque "todo aquele que invocar o nome do Senhor será salvo".
> Rm 10: 9-13 - [Jl 2:32] NVI

## QUEM É ISRAEL?

Sabemos que Jacó teve seu nome mudado para Israel. Seus 12 filhos formaram as 12 tribos de Israel. E constatamos que Israel nunca foi apenas uma tribo (Judá/judeus), mas sim, as 12 juntas. Todas as promessas feitas na Bíblia para Israel nunca foram exclusivamente para uma única tribo (Judá/judeus), mas para as 12, enquanto estavam unidas. O Israel que conhecemos nos dias de hoje é, na verdade, a Casa de Judá, mas a Bíblia nunca afirma que somente eles (Casa de Judá/judeus) são o Israel de Deus. Ao contrário, biblicamente, são conhecidos como Casa de Judá (judeus). Por outro lado, Efraim (as dez tribos do Norte) se tornou a Casa de Israel, que foi dispersa entre as nações, estabelecendo a *plenitude dos gentios*.

A Casa de Judá (judeus) são os ramos naturais da oliveira do Deus de Israel; enquanto a Casa de Israel (o Cristianismo) foi inserida nesta oliveira.

Em Romanos 11:13, 17 (NAA) está escrito:

> [...] Dirijo-me a vocês que são gentios [o cristianismo] ... e você, sendo oliveira brava, foi enxertada no meio deles [a raiz natural da Casa de Judá][131].

Com isso, está claro que o Deus de Israel tem apenas uma família, e ela é constituída por ramos naturais (Casa de Judá/judeus), e ramos silvestres (Casa de Israel/Cristianismo). Os ramos silvestres foram enxertados na oliveira (Israel), da qual Cristo é a raiz: um só povo, uma só família, um só Israel, uma só Igreja.

---

131   Colchetes nossos.

Efésios 4:3-6 destaca a importância de buscar a unidade do Espírito, enfatizando que há um corpo [Qahal/Congregação/Ekklesia/Igreja], um só Senhor, uma fé, um Deus e Pai de todos, que está acima de tudo e em todos nós.

Portanto, o Israel de Deus é a junção entre cristãos e judeus, ou melhor, "gentios e judeus". Nós, os que estávamos dispersos, fomos enxertados novamente na oliveira natural através da morte de Cristo. E isso significa, definitivamente, que apenas aqueles que morrerem e nascerem novamente em Cristo Jesus serão salvos, ou seja, os remanescentes.

Júlio Andrade Ferreira descreve que, antes de Cristo, encontramos a Igreja na forma de Israel; e depois de Cristo, Israel na forma de Igreja.[132]

Observe que pouco antes de Jesus ascender aos céus, os apóstolos lhe fizeram uma pergunta interessante:

> [...] Então os que estavam reunidos lhe perguntaram: **"Senhor, é neste tempo que vais restaurar o reino a Israel?"**
> At 1:6 NVI

É de extrema importância entendermos que não há passagem bíblica alguma relatando que a Igreja iria substituir Israel, mas sim que a Igreja é o Israel restaurado (judeus e gentios). Perceba que nessa passagem os discípulos não perguntaram: "Mestre, é esse o tempo em que vais iniciar a Igreja dos gentios?" ou "Mestre, é nesse tempo que a Igreja dos gentios vai substituir Israel?". Em vez disso, eles perguntaram se Jesus iria **restaurar o reino a Israel**. Com isso, chegamos ao entendimento de que os discípulos esperavam que

---

132  FERREIRA, Júlio Andrade. *Apocalipse, Ontem e Hoje*. LPC. Campinas, SP. 1983. p. 64.

o Reino de Israel fosse restaurado, e não substituído. A *Ekklesia* (Igreja) é a restauração de Israel.

Esse é o mistério ao qual Paulo, por intermédio de uma revelação, obteve conhecimento; o Mistério de Cristo: judeus e gentios unidos por meio de Cristo, derrubando toda e qualquer parede de separação, para que dos dois criasse – em si mesmo – uma nova humanidade; fazendo de ambos um só corpo, uma só família, uma só igreja, uma só noiva, uma só nação santa, o Israel da Promessa, povo exclusivo de Deus, que pela fé em Cristo Jesus crê em um só Deus e Pai de todos, o qual é sobre todos, age por meio de todos e está em todos.

E assim, como ministros, devemos agir de acordo com a responsabilidade que Deus nos confiou, para darmos pleno cumprimento à palavra de Deus: o mistério que esteve oculto durante séculos e gerações, mas que agora foi manifestado aos seus santos, aos quais Deus quis dar a conhecer entre os gentios a gloriosa riqueza deste mistério, que é Cristo em nós, a esperança da glória.

Amém.

**grupo novo século**

Compartilhando propósitos e conectando pessoas
Visite nosso site e fique por dentro dos nossos lançamentos:
www.gruponovoseculo.com.br

*Ágape*

- facebook/novoseculoeditora
- @novoseculoeditora
- @NovoSeculo
- novo século editora

gruponovoseculo.com.br

Edição: 1ª
Fonte: DanteeText